코로나 이후의 세상

The World after COVID: The Munk Dialogues on a Pandemic edited by Rudyard Griffiths

First published in Canada and the USA in 2021 by House of Anansi Press Inc.
www.houseofanansi.com

THE WORLD AFTER COVID

코로나 이후의 세상

말콤 글래드웰 외 9명 지음

이승연 옮김

일러두기

1. 단행본은 『 』로, 신문·잡지·방송은 〈 〉로 표기했다.
2. 이 책의 내용은 2020년 4월 9일에서 6월 10일까지 진행된 멍크 다이얼로그 시즌 1을 바탕으로 대담 진행자인 러디어드 그리피스가 정리한 것이다.

한국어판 추천사

좋은 대담은 어떻게 만들어지는가

뛰어난 사람, 앞선 생각을 하는 사람의 말을 듣는 건 유익하고 즐거운 일이다. 청중은 이런 기회가 생기면 기꺼이 시간과 돈을 할애해서 그 사람의 말에 귀를 기울인다. 가령 2000년대 중후반 실리콘밸리의 대표적인 인터넷 매체 〈올싱스디지털All Things Digital〉이 해마다 샌프란시스코에서 개최하던 콘퍼런스는 스티브 잡스, 일런 머스크, 빌 게이츠 같은 유명 인사가 등장해서 주목을 받았고, 그때 했던 인터뷰는 지금도 유튜브에서 인기 영상으로 남아있다. 성격은 다르지만 미국 동부 뉴욕에서는 92Y라는 단체가 유명인들을 초대해서 여는 대담회가 많은 청중을 모으고, 그렇게 열린 대담회 내용은 라디오 방송과 팟캐스트, 유튜브 등에서 인기를 끈다.

한국에서도 몇몇 언론사와 단체가 이런 대담회나 강연회, 공공 포럼으로 시대를 앞선 사람들의 생각을 듣는 기회를 마련하곤 한다. 비싼 초청료로 세계적으로 이름값이 높은 연사들을 초청하는 것까지는 세계 어느 나라의 행사 못지않다. 장소도 고급스럽고, 무대도 화려하고, 등장하는 사람들도 선진국 대통령이나 장관급 인물들이다. 하지만 대개 '새시대' '대혁신' 같은, 거창하지만 모호한 타이틀을 가진 이런 포럼은 영양가 없기로 유명하고, 여기에 참석하는 유명인들은 (긴 비행시간 외에는) 별 어려움 없이 큰돈을 버는 기회 정도로 생각한다. 심지어 부자들의 잔치라고 비판을 받는 다보스 포럼도 가끔 대담자들로부터 대중의 관심을 끄는 발언을 끌어내어 존재 의미를 증명하는데, 한국에서 열리는 "글로벌" 포럼에서는 아무런 새로운 이야기가 나오지 않는다. 유명인사들이 그런 행사를 쉽게 생각하는 이유가 여기에 있다.

한국에서 이런 행사를 기획하는 단체에서는 어떻게 해야 할까? 어떻게 해야 영양가 있는 대담회, 대담자가 머리를 싸매며 준비하고 끝난 후에는 언론이 앞다퉈 보도하는 그런 포럼을 만들 수 있을까? 캐나다 오리아 재단에서 주관한 멍크 다이얼로그 '코로나 이후의 세상'이 아주 좋은 교과서가 될 수 있다고 생각한다. 이 책은 같은 타이틀로 온라인에서 진행된 대담회를 인터뷰 형식으로 고스란히 살려서 정리한 책이기 때문에 대담이 어떻게 진행되는지 잘 살펴볼 수 있다.

좋은 대담자를 선정하는 방법

전직 대통령과 수상, 국제기구의 수장을 역임한 사람들은 천문학적인 강연료를 부르지만, 현직에서 물러난 사람들이다. 경험이 많고 자신만의 인사이트를 줄 수 있는 이런 사람들의 가장 큰 관심사는 자신의 레거시를 지키는 일이다. 워낙 많은 강연회와 대담회를 다니기 때문에 사람들이 어떤 이야기를 좋아하고 어떤 농담이 잘 먹히는지 알고 있어서 청중이 재미있어하는 말은 하면서도 현직 리더들에 대한 비판을 삼가고, 주로 미리 준비된 사운드 바이트(주로 정치인이 자기 입장을 밝히기 위해 미디어에서 반복하는 짧은 문구)를 사용하려 한다.

물론 거의 들어본 적이 없는 전문가를 고르면 흥행이 되지 않고, 너무나 알려지지 않은 사람일 경우 대담의 퀄리티를 보장하지 못할 수 있다. 결국 빠르게 변화하는 자신의 분야를 항상 업데이트할 수밖에 없는 사람 중에서 뛰어난 인사이트를 가진 것으로 알려진 사람들을 고르는 것이 좋다. 멍크 다이얼로그에서 뽑은 사람들을 보자. 우선 카라 스위셔, 데이비드 브룩스, 파리드 자카리아는 현직 언론인 중에서 가장 이름값이 높은 사람들이다. 이 말은 이들이 자기가 다루는 분야의 리더들에 대한 액세스access, 즉 직접 접촉할 수 있는 채널을 가지고 있다는 얘기다. 파리드 자카리아는 세계 지도자들과, 카라 스위셔는 실리콘 밸리의 CEO들과 개인적인 친분이 있다. 취재에 성공할 가능성은 대부분은 이런 액세스에서 나온다. 이들은 자기 분야에서 남들이 모르는 소식을 가장 먼저 들어서 알고 있어서 대담자로 아주 좋다.

서맨사 파워는 언론인이었고, UN주재 미국 대사를 지냈을 뿐 아니라, 대담 당시 현직 교수이기 때문에 신선한 정보를 유지할 것이고, 니얼 퍼거슨이나 말콤 글래드웰은 꾸준히 새로운 책을 출간하는 저자여서 취재를 위해 '현장'과의 접촉을 유지하고 있는 사람이다.

대담자 선정에 반드시 고려해야 할 것 중 하나가 다양성이다. 이 책에 등장하는 대담자는 총 9명이다. 그중 백인 남성은 4명이고, 여성은 2명, 유색인종은 3명(혼혈인 말콤 글래드웰을 유색인종으로 분류하면 백인 남성은 3명으로 줄어든다). 충분하지는 않지만 그래도 노력한 흔적은 찾아볼 수 있다. 이런 선택을 절대로 '배려'나 '공정'의 관점으로 접근해서는 안 된다. 21세기는 이제 더 이상 백인 남성이 주도하는 세상이 아니다. 이런 세상에서 백인 남성의 말만 듣는다면 편견을 갖게 될 수밖에 없다.

레즈비언인 카라 스위셔는 그래서 더욱 좋은 선택이다. 카라 스위셔가 LGBTQ+ 커뮤니티를 대표해야 한다는 게 아니라, 다른 대담자가 놓칠 수 있는 시각을 우리도 모르게 채워줄 수 있기 때문이다. 이제 다양성은 힘이다.

좋은 질문을 하는 법

한국에서 가장 흔하게 볼 수 있는 대담 포맷은 유명인사가 먼저 발표한 다음 그 분야에 대한 지식이 없어 보이는 진행자가 질문지에 적힌 내용을 묻고, 발표자가 미리 준비한 것이 분명해 보이는 대답을 하는 것으로 끝나는 형식이다. 이런 대담회는 생생한 토론과는 가장 먼, 그저 잘 준비된 퍼포먼스처럼 보인다. 좋은 발언은 대화가 살아있을 때 나온다. 논의되는 내용에 대한 충분한 지식을 가진 사람, 가능하다면 이미 대담자를 잘 알고 대화를 나눠본 경험이 있는 사람이 진행할 때 대담자도 진심을 드러낸다.

각 대담이 1시간~1시간 30분 정도 진행되는 이 시리즈에서는 첫 3분의 1 정도를 진행자, 즉 러디어드 그리피스가 준비한 질문을 던지고 답을 듣고, 이후로는 웹사이트, 혹은 소셜미디어에서 실시간으로 받은 질문을 즉석에서 대담자에게 던진다. 진행자의 질문은 모두 "코로나 이후의 세상"에 관한 것이고, 대부분 국제 정세와 정부, 민주주의의 미래로 수렴되고 있지만 각 대담자의 전문 분야에 맞게 아주 잘 준비된 것으로 보인다. 가령 시리즈 전체에 걸쳐 러디어드 그리피스는 민족주의의 부활에 대한 우려와 궁금증을 드러냈는데, 모하메드 엘 에리언에게는 국가의 정치 체제에 민족주의와 포퓰리즘이 더 많이 나타나면 글로벌화된 경제가 어떻게 작동할지를 묻는다면, 서맨사 파워에게는 '다자간 기구(국제기구)'와 민족 국가 사이의 주도권 변화를 묻는다.

특히 도입부에서는 대담자의 전문분야와 관련해 느슨한 질문을 던져서 대담자가 다소 자유롭게 말할 기회를 준다. 예컨대 카라 스위셔와의 대담에서는 "오늘 대화에 앞서 배경을 이해할 수 있도록 관련 이야기를 들려주실 수 있을까요?"라고 대화를 시작한다. 이렇게 하면 대담자가 분위기에 적응하고 자신감을 느끼게 해줄 뿐 아니라, 대담자가 가장 하고 싶은 말을 하게 함으로써 조급함을 덜어줄 수 있다.

이어지는 질문에서는 질문하는 사람이 이 문제를 깊이 생각해봤고, 핵심을 분명하게 이해하고 있음을 보여줘야 한다. 가령 파리드 자카리아와의 대담에서 진행자 러디어드 그리피스가 던진 질문은 코로나에 대응한 경험이 기후변화 대응에 어떤 영향이 있을지를 묻는 질문이지만, 진행자는 이미 자카리아가 가진 선택지를 알고 미리 이야기한다. 그 질문에 자카리아는 "늘 그렇지만, 러디어드 씨는 모든 이슈를 정확히 제대로 짚어내시는군요"라고 감탄하는데, 말이 통하는 상대와 대화할 때의 즐거움이 고스란히 느껴진다.

말이 통한다는 것은 자신과 상대방이 이미 많은 것을 함께 알고 있거나 교감하고 있어서 기초적인 사안을 일일이 설명할 필요 없이 바로 핵심으로 깊숙이 들어갈 수 있음을 의미한다. 이어지는 자카리아의 열정적이면서도 구체적인 대답은 러디어드 그리피스의 좋은 질문 덕분에 가능했다. 그리고 파리드 자카리아의 대답을 들은 러디어드 그리피스는 자신이 지난 2주 동안 생각했다며 더 깊은 질문을 던지고, 자카리아는 간절하게 기다렸다는 듯 대답한다. 이 대목은 이 책이 보여주는 최고의 문답 중 하나다.

물론 대담자의 발언 중 동의하기 어려운 대목도 있다. 가령 데이비드 브룩스는 내가 아주 좋아하는 저자이기는 하지만 자신이 보여주는 낙관적 견해에 충분한 근거를 제시해주는 것 같지 않다. 마지막 대담자이자 덩샤오핑의 통역사 출신인 빅터 가오는 심할 정도로 일관되게 중국 정부의 의견을 전달한다. 하지만 좋은 인사이트를 주는 대담자의 말도, 동의하기 힘든 대담자의 말도 결국 우리가 듣고 판단해야 할 하나의 의견

일 뿐이다. 가장 피해야 할 대담은 틀린 말이 나오는 대담이 아니라, "세계적인 석학"이라는 과대포장으로 무비판적으로 듣게 만드는 대담이다.

좋은 대담은 많아도 이렇게 전문을 번역해서 질문의 구조와 배치, 대담자의 대응을 찬찬히 훑어볼 기회는 흔치 않다. 모쪼록 이 책의 내용을 여러 사람이 꼼꼼히 분석해서 우리나라에서도 수준 높은 대담회와 포럼을 만나볼 수 있기 바란다.

박상현

〈오터레터〉 발행인

차례

피터 멍크의 편지

멍크 디베이트는 시작 직후부터 아주 빠른 속도로 대중의 상상력을 사로잡아 왔습니다. 그 점에 대해 아내 멜라니와 저는 깊이 감사하고 있습니다. 저희는 2008년 5월 첫 행사 때부터 줄곧 캐나다는 물론 국제적으로도 가장 흥미진진한 공공 정책의 쟁점 사안을 놓고 토론을 벌여왔습니다. 멍크 디베이트는 무엇보다 국제적인 관점에 초점을 맞춰 다양한 이슈를 다뤄왔습니다. 여기에는 인도주의적 개입과 해외 원조의 효과, 지구 온난화 위협, 종교가 지정학에 미치는 영향, 중국의 부상, 유럽의 쇠퇴 같은 문제도 있습니다. 이처럼 관심을 끄는 주제들을 놓고 세계에서 가장 중요한 사상가와 활동가라 할 수 있는 분들이 풍부한 지적·도덕적 토론을 벌였습니다. 그동안 참가한 토론자로는 헨리 키신저, 토니 블레어, 크리스토퍼 히친스, 폴 크루그먼, 피터 만델슨, 파리드 자카리아 등이 있습니다.

멍크 디베이트에서 그런 이슈들을 제기한 덕분에 사람들이 그 문제에 대해 경각심을 갖게 됐을 뿐 아니라, 더 많은 사람이 토론에 참여할 수 있게 됐습니다. 그 결과 세계화의 개념에 대한 두려움도 줄어들게 됐습니다. 우리가 내향적이 되기는 너무나 쉽습니다. 외국인에 대한 혐오감을 갖기도 아주 쉽습니다. 민족주의적이 되기도 매우 쉽습니다. 반면, 미지의 세계에 진입하는 것은 어렵습니다. 많은 사람에게 세계화란 기껏해야 추상적인 개념에 불과합니다. 멍크 디베이트 시리즈의 목적은 사람들이 급변하는 세계에 좀 더 익숙해지도록 돕는 것입니다. 또한 공동체의 미래를 결정할 이슈와 사건에 관한 인류 보편의 대화에 보다 마음 편하게 참여할 수 있도록 돕는 것입니다.

우리 앞에 너무나 많은 긴급 현안이 있다는 사실은 굳이 말할 필요도 없을 것입니다. 지구 온난화, 절대 빈곤, 집단 학살, 불안정한 세계 금융 질서. 이런 문제들만 해도 사람들에게 대단히 중요한 이슈들의 일부에 불과합니다. 그럼에도 불구하고 저나 저희 재단 이사회가 보기에 이런 결정적인 이슈에 대한 공공의 대화 수준은 사안의 긴박성이나 그 수에 비례해서 오히려 낮아지는 것 같습니다. 멍크 디베이트는 오늘날 결정적 순간에 가장 중요한 이슈를 국제적인 대화 속에서 조명하기 위해 애쓰고 있습니다. 그럼으로써 세계의 가장 명석한 사상가들의 생각을 소개할 뿐 아니라, 공공 사안에 대한 열의와 지식을 구체화해 인류가 직면한 난제의 해결을 돕고 있습니다.

제가 인생에서 배운 사실은 도전이야말로 우리 안의 최상의 것을 끌어낸다는 것입니다. 이 점에 대해서는 여러분 중 많은 분이 공감하시리라 확신합니다. 멍크 디베이트의 참가자들은 서로서로에게는 물론 우리 각자에게도 세계가 당면한 중요 문제에 대한 명료하면서도 논리적인 사고에 도전하도록 해줍니다. 모쪼록 여러분도 이 책을 읽고 난 후 저와 같은 생각이 었으면 합니다.

온타리오 주 토론토에서

오리아 재단 창업자 피터 멍크

MALCOLM GLADWELL

말콤 글래드웰과의 대화

러디어드 그리피스

안녕하세요, 멍크 다이얼로그에 오신 걸 환영합니다. 이 프로젝트는 오리아 재단과 피터 멍크, 멜라니 멍크의 자선 재단이 주최한 행사입니다. 이번 대담에서는 코로나 이후의 세상이 어떤 모습일지에 대해 대화를 이어가 보려고 합니다. 이 연속 대담에 모인 주요 사상가들을 만나다 보면, 바로 지금 우리가 함께 겪고 있는 경험에 대해 다같이 숙고해 보게 될 것입니다. 이 일은 우리 사회에 어떤 의미가 있을까요? 우리의 정치에는 어떤 의미가 있을까요? 국제 관계나 외교에는 어떤 의미가 있을까요? 우리를 어떻게 바꾸어 놓게 될까요?

오늘 이 시대에 가장 다재다능하고 창의적인 사상가 한 분을 모셨습니다. 멍크 다이얼로그에 나와주신 말콤 글래드웰 씨를 함께 환영해 주세요. 말콤 씨, 나와주셔서 대단히 기쁩니다.

말콤 글래드웰

감사합니다, 러디어드 씨. 제가 더 기쁩니다.

러디어드 그리피스

우리가 이 대담에서 모색해 보고자 하는 빅퀘스천을 통해 말콤 씨를 시험대에 올리는 것으로 시작해 보겠습니다.

말콤 씨가 보시기에 코로나 위기 이후의 세상이 코로나 이전과는 기본적으로 어떤 점에서 달라질까요? 특히 사회에 가져올 가장 강력한 충격, 코로나 이후 우리 모두가 떠안게 될 실생활에 일어날 가장 커다란 변화는 무엇이라고 생각하십니까?

말콤 글래드웰

최선의 경우와 최악의 경우 어느 쪽을 듣고 싶으신지 묻는 게 먼저일 거 같습니다. 먼저, 최선의 시나리오를 상정해서 이번 일을 겪으면서 우리가 무엇을 배울 수 있을지 알아보겠습니다. 제 생각에 이번 일에는 정말 중요하게 배울 점이 있습니다. 제가 늘 하는 식대로, 살짝 에둘러서 이 점을 설명해 보겠습니다.

꽤 오랫동안 저는 크리스 앤더슨과 데이비드 샐리, 두 분 경제학자의 발언에 매료되었습니다. 이분들은 축구 관련 책을 썼습니다. 축구에 관한 기본 질문에 답하고자 하는 내용이었습니다. 축구팀의 실력을 키우려면 어떻게 해야 할까요? 가장 뛰어난 선수의 기량을 더 끌어올려야 할까요? 아니면 가장 뒤처진 선수의 기량을 끌어올려야 할까요? 두 경제학자는 이 질문에 대한 답이 명백하다는 걸 알아냈습니다. 가장 뒤처진 선수의 기량을 끌어올려야 한다는 겁니다. 축구는 약한 고리weak-link 스포츠입니다. 축구팀은 가장 뒤처진 선수의 기량에 따라 경기력이 좌우됩니다. 어설픈 선수 한 명이 패스를 망치면 함께 뛰고 있는 모든 선수의 노력이 헛수고가 되고 마니까요.

농구와는 극명하게 대조됩니다. 농구는 강한 고리strong-link 스포츠죠. 농구팀을 더 잘하게 하려면 카와이 레너드 같은 국보급 스타를 영입하면 됩니다. 제가 생각하기에 서구 사회는 오랫동안 강한 고리 스포츠를 해왔습니다. 강점을 개선해 가면서 더 나아지는 데에 주력해 왔죠. 19세기와 20세기 전반에 캐나다 같은 국가를 떠올려보면 강한 고리 경기를 했다는 걸 알 수 있을 겁니다. 몇몇 유수 대학교와 강력한 중앙기구를 설립해서 핵심이 되는 최고 학력의 중년 백인 남성들을 양성하고 그들에게 일을 맡겼습니다.

많은 사람이, 저도 그중 한 명입니다만, 지난 5년에서 10년 동안 주장해 왔습니다. 지금 우리가 살아가고 있는 세상은 점점 더 약한 고리 세상이 되어가고 있다고요. 우리가 빚어낸 세상은 몹시도 복잡하고 서로 강력하게 연결되어 있죠. 선수 한 명이 경기를 장악할 수 있는 농구를 하는 게 아닙니다. 축구 경기를 하고 있어요. 골을 넣어 득점을 올리려면 경기장에서 뛰고 있는 모두가 힘을 합쳐야만 합니다. 이 발언이 얼마나 사실에 가까운지 이번 위기로 아주 강력한 깨달음을 얻게 될 겁니다. 이번 위기는 전형적으로 약한 고리 위기죠.

서구 경제는 근본적으로 교착 상태에 빠져 버렸습니다. 마스크와 가운을 충분히 확보하지 못해서입니다. 말해 놓고도 믿을 수가 없네요. 마스크가 부족해서 왕국 전체가 갈팡질팡하다니요. 뉴욕시에는 현재 2000명이 병원에 있어요. 문제는 그게 아닙니다. 뉴욕시 병상이 6만 개나 되니까요. 하지만 일을 처리하기 위해 밤낮없이 일할 간호사가 충분치 않고, 일선 의료 노동자들을 보호할 가운과 장갑과 마스크도 부족합니다. 그 때문에 뉴욕시는 봉쇄되었어요. 지금은 서구 어디를 가든 마찬가지입니다. 수조 달러의 경제적 손실에 처해 있는 이유가 수백만 달러 상당의 의료 장비를 보유하고 있지 못한 탓이라니 참으로 이례적인 상황입니다.

러디어드 그리피스

사스 백신 연구를 계속해나가는 데에 200만 달러도 쓰지 않았습니다. 연구자 집단에 재정 원조를 철회하는 바람에 벌어진 일이었지요.

말콤 글래드웰

바로 그겁니다. 이제 우리의 취약점이 무수히 많고 곳곳에 숨어 있습니다. 이런 취약성에는 사회의 나머지 부분을 붕괴시킬 잠재력이 있습니다. 축구 경기 같은 거죠. 코로나 이후 세상에서는 드디어 우리가 약한 고리를 심각하게 받아들이게 되기를 바랍니다.

러디어드 그리피스

그렇다면 그 결과로 실제 어떤 일이 벌어질까요? 미국에서 공공 의료가 강력히 시행되는 그런 세상이 올까요? 말콤 씨가 규명한 이런 취약성에 정부

조직이나 기구가 나서서 집단적으로 개입을 늘리는 식으로 대처하는, 그런 세상일까요?

말콤 글래드웰

네, 정확히 그렇습니다. 이번 팬데믹으로, 우리가 상위 1퍼센트를 걱정하느라 시간을 다 써왔다는 점이 드러났습니다. 중간층에 대해서는 시간을 충분히 쓰지 못했습니다. 미국에서는 지난 25년 동안 최고급 의료 시스템이 전례 없이 비상한 수준의 지원과 자금을 차지했습니다. 세계 최고 수준의 시설을 짓고, 최상위 계층이 직면한 문제, 즉 암이나 심장병 같은 문제에 대처해 왔지요. 그런 훌륭한 장비가 전부 당장에 도움이 되지 못하고 있습니다. 우리가 세운 세계 최고 수준의 의과대학도 지금 당장 도움이 되지 못하고 있고요.

우리에게 필요한 건 더 많은 간호사와 간호조무사입니다. 이렇게 위급한 상황에서 환자들을 돌볼 수 있는 인력이죠. 지역 전문대의 의료 프로그램이 더 많아야 합니다. 특별한 치료 요법을 도입하는 데에만 수백만 달러를 들였습니다. 수십억 달러까지는 아니겠지만요. 그러면서도 종이 마스크 재고 확보는 소홀히 했죠. 서구 국가들이 지난 20년 넘게 추구해온 의료 전략은 건강 관리에만 지나치게 치우친 나머지 국민 보건에 대해서는 턱없이 소홀했습니다. 완전히 다른 쪽에만 집중한 겁니다.

이번 팬데믹은 건강 상태가 가장 취약한 사람들에게 큰 타격을 주고 있어요. 뉴욕시 코로나 사망자 데이터를 분석한 차트를 봤는데 너무 놀라워서 믿기지 않을 정도였어요. 아주 명백한 사실은 코로나가 가장 취약한 노년층을 덮치고 있다는 겁니다. 그 차트에는 기저 질환 합병증으로 죽은 사람들 숫자도 함께 들어 있었습니다. 정확한 수치는 잊어버렸습니다만, 사망자 중 70퍼센트나 75퍼센트 정도가 고혈압, 당뇨병, 비만, 심장병, 일종의 호흡기 질환 등 다른 기저 질환을 앓고 있어서 취약한 상태였습니다. 이런 건 건강에 좋지 않은 환경에서 건강에 좋지 않은 생활방식으로 사는 사람들에게 따라다니는 흔해빠진 질병이죠. 그것이 이제 우리의 발목을 잡고 있습니다. 의료 행위 중에서도 보다 특별하고 복잡하고 지적으로 흥미로운 쪽에만 선택적으로 관심을 집중했던 결과입니다.

러디어드 그리피스

우리 모두가 겪고 있는 믿기지 않는 이 격리 상황에 대해 어떻게 생각하는지 말씀해 주시죠. 여러 해 동안 말콤 씨의 책을 읽으면서 인간이 처한 조건, 즉 우리를 움직이게 하는 현상들을 기민하게 살피고 있다는 점이 독자 입장에서 즐거웠습니다. 극심한 격리를 겪고 있는 이 괴상한 시대는, 이때까지 연결과 접속을 기본 장착한 것 같았던 이 사회에 어떤 파장을 가져올까요? 우리는 그로부터 벗어나서 격리가 가져온 긍정적인 면을 이해하고 새로운 성격의 공유를 하게 될까요? 아니면 우리 사회가 겪은 이런 종류의 트라우마는 앞으로도 극복하기 어려울까요?

말콤 글래드웰

이런 일시적인 사회적 고립이 장기적으로 영향을 미칠지 어떨지에는 약간 회의적이라고 말씀드려야겠습니다. 대개는 얼마나 지속되느냐의 문제죠. 제2차 세계대전은 인구에 예사롭지 않은 영향을 미쳤다고 평가됩니다. 전쟁이 5년 동안이나 계속되었으니까요. 대공황도 그렇습니다. 실제로 10년 동안 누그러들지 않았으니까요. 이런 위기들은 인구에 잘 지워지지 않는 상처를 남겼습니다. 고난이 심했기도 했지만 기간이 길었으니까요. 이제 3주가 지났습니다. 그러니 이번 위기에 대해 그런 면에서는 섣불리 말하지 않겠습니다. 제가 훨씬 더 걱정하는 건 경제적 손실입니다. 3주는 집세를 못 내는 사람에게는 엄청나게 긴 시간입니다만 친구를 못 만나고 지내기엔 그리 긴 시간이 아닙니다.

러디어드 그리피스

그렇네요. 제2차 세계대전 얘기가 나왔으니 다음 질문으로 자연스럽게 넘어가 보겠습니다. 프랑스 경제학자 토마 피케티는 제2차 세계대전 후에 소득 불평등에 대한 반발로 문화적 대변동이 일어나서 소득 재분배로 이어졌다고 했습니다. 코로나의 충격으로 비슷한 일이 일어날 것으로 보십니까? 가장 약한 고리에 집중할 필요성을 짚어 주셨는데요. 이번 위기로 불평등 논의에 힘이 실리면서 긍정적인 결과를 가져오게 될 거라고 보십니까?

말콤 글래드웰

그게 최상의 시나리오죠. 지금 논하기에는 지나치게 낙관적인 입장일 겁니다만, 다른 선택지가 없다는 생각도 듭니다. 이번 위기로 가중된 경제적 부담이 우리 사회의 하위층에 편중되어 있으니까요. 중상층은 대부분 한두 달 정도 혼란을 감당할 여력이 있습니다. 지금 제가 걱정하고 있는 건 그런 사람들이 아닙니다. 우리가 이 위기를 벗어날 때쯤에는 이번 일로 경제적으로 파탄한 사람들이 있을 겁니다. 이들에게 부를 재분배하는 것 외에는 다른 방법이 없을 겁니다.

러디어드 그리피스

정말 통찰력 있게 논평해 주시는군요. 이런 거대한 경제 혼란을 지켜보노라면 종종 거기에서 비롯된 정치적 혼란을 보게 됩니다. 2020년 4월 버니 샌더스가 대선 경선에서 중도 하차했습니다. 미국 내 정치 혁명을 촉구하면서 캠페인을 사실상 마무리했죠. 버니 샌더스는 이번 위기가 초래하게 될 혁명을 앞서 보여주었던 걸까요? 앞서 지적하신 대로 사회 하위층의 삶의 질이나 기대 수명에 끼치게 될 지대한 영향도요.

말콤 글래드웰

어떤 위기에서 촉발되는 정치적 악영향을 숙고해 보려면 그 위기를 겪는 동안 정치권이 보이는 반응을 살펴봐야 합니다. 제2차 세계대전 당시 미국에는 루스벨트 대통령이, 영국에는 처칠 수상이 있었습니다. 두 명의 비범한 정치 지도자가 위기를 틈타서 공공 제도를 강화했던 건 순전히 운이 좋았던 겁니다. 그 결과 두 나라는 세계대전에서 벗어나서 국민 사이에 공공 제도의 중요성에 대한 공감대를 새로 끌어냈습니다.

그때와는 반대로 공공 제도를 강화할 의향도, 지혜도, 능력도 없는 지도자가 있는 상황에서 위기를 맞으면 집단행동의 장점을 신뢰하지 못하는 국민과 함께 위기를 벗어나야 하겠지요. 여기에서 굳이 이름을 거명할 필요는 없을 겁니다. 누구 이야기인지 다들 아실 테니까요. 주요 국가가 이런 막대한 책임을 맡기에는 모자라도 한참 모자란 인물과 함께 심각한 위기에 빠졌던 유사 사례를 떠올려 보려고 해도, 제2차 세계대전에서 네빌 체임벌린 조차도 심각한 사태가 벌어지기 전에 물러났죠. 트럼프는 여전히 건재합니다. 제가 보기엔 그래서 훨씬 더 위험합니다.

러디어드 그리피스

이번 위기가 가져올 결과의 낙관적인 측면이 있다면 무엇입니까? 이 위기에서 발전시켜 나갈 점이 있을까요? 이 모든 일을 우리에게 의미 있게 만드는 것 말이죠.

말콤 글래드웰

글쎄요, 근본적인 차원에서 이번 일이 경험을 통한 학습이 될 거라고 저는 낙관합니다. 다음 팬데믹이 닥치면 그때는 준비가 되어 있겠지요. 애초에 최상의 시나리오는 이번이 정말 정말 엄청난 팬데믹에 대비한 훈련이라는 거죠. 잊지 맙시다. 이번이 바이러스성 전염병 중 최악은 아니라는 사실을요. 안 그런가요? 코로나는 상당한 전염성이 있는 바이러스지만 역학적으로 아주 치명적인 건 아닙니다. 이 바이러스는 지나간 자리에 파괴적인 흔적을 남길 것입니다. 하지만 바이러스에 따라 1퍼센트 치사율보다 훨씬 안 좋은 경우도 있습니다. 에이즈 바이러스는 치사율이 거의 100퍼센트죠. 에볼라 바이러스의 치사율도 100퍼센트에 근접합니다. 제가 붙들고 있는 한 가닥 낙관은, 다음번에는 우리가 더 잘 준비되어 있을 거란 겁니다. 똑같은 실수를 반복하지는 않을 테니까요. 진지하게 준비할 거라 생각합니다.

러디어드 그리피스

백신이 생산되면 누가 먼저 백신을 맞을 것인지 결정하는 데에 어떤 윤리적 틀을 적용해야 할까요? 여러 정부가 서둘러 백신을 손에 쥐려고 할 거라는 추측이 난무하고 있는데요, 백신을 어떻게 배분해야 하는지를 놓고 일부 아주 아주 추잡한 힘의 정치가 있을 수 있습니다. 이 문제가 앞으로 어떤 식으로 전개될 거라고 보십니까?

말콤 글래드웰

파우치 박사가 말했지요. 한 가지 크게 걱정되는 일이 있는데 초기 단계에는 모든 사람이 맞을 수 있을 만큼 백신이 충분하지 않을 거라고요. 그러니 누가 먼저 백신을 맞을 것인지 규칙을 마련해야 할 거라고 했습니다. 제 생각에 백신이 나올 때쯤이면 우리 중 누가 가장 취약 계층인지 아주 아주 분명히 이해하게 될 겁니다. 우리가 분명히 이해하면서도 가장 위험군에 속한 사람이 아닌 이들이 먼저 백신을 맞게 한다면 용서받지 못할 불쌍한 영혼들을 위해 기도해야겠죠.

러디어드 그리피스

이번 바이러스로 미국에서도 아프리카계 미국인 거주 지역이 특히 심각한 타격을 입었습니다. 흑인 사회에 만연한 합병증 때문이었습니다. 대개 빈곤과 상관관계가 있습니다. 먹을 게 충분하지 않다면, 바른 먹거리를 먹고 있는 게 아니라면 당뇨병 같은 질병들을 키우게 됩니다. 이건 공정성의 문제고 어떻게 우리가 이 위기에 공정하게 대응하는지의 문제입니다.

말콤 글래드웰

이번 팬데믹에서 벌어지는 모든 일이 기존에 있던 문제점을 선명히 드러내고 있습니다. 질병의 부담이 가난한 이들에게 편중되는 건 늘 그래왔던 일입니다. 어떤 종류의 전염병학이든 첫 수업에서는 보다시피 뭐든 나쁜 일은 경제 구조 사다리의 하단에 있는, 가장 빈곤한 지역 사회에 사는 사람에게 가장 집중된다고 가르칩니다. 몇 년 동안이나 광야에서 외치는 목소리가 있었습니다. 그 목소리는 우리 사회의 우선순위가 완전히 잘못되었다고 부르짖었습니다. 우리의 시간과 관심과 예산을 질병이 있는 곳에 써야만 한다고요, 손을 흔들고 큰 목소리로 떠드는 사람들이 있는 곳에 쓸 게 아니라고요. 이번 팬데믹은 그 목소리에 힘을 실어주고 있을 뿐입니다. 문제가 있는 곳에 주의를 기울여 돈을 써야 합니다. 그리고 이 문제는 수천 년 동안 그래왔던 것처럼 하위층에 몰려 있습니다. 말하자면 어떤 면에서는 우리가 지난 50년 동안 의료 시스템에서 엉뚱한 문제를 풀어 왔다는 겁니다.

러디어드 그리피스

이번 바이러스로 인해 인간의 행동 일부가 근본적으로 바뀌지 않는다면 더 나쁜 위기가 우리 앞에 놓여 있다고 보십니까? 이번 바이러스는 문명화된 세상이 직면하고 있는 더 큰 취약성 위기의 전조 증상 같은 걸까요?

말콤 글래드웰

여기에 대해서는 두 가지 생각이 듭니다. 한편으

로는 인간의 역사가 진보를 향해 나아간다는 일반적인 주장에 일정 수준 동의합니다. 우리가 위기를 향해 나아간다고는 생각하지 않습니다. 다만 조금 후에 한 가지 예외를 들어 보겠습니다. 75년 전이나 100년 전쯤에는 상황이 훨씬 더 안 좋았습니다. 1910년에 자녀를 둔 부모라면 매일 아침 잠에서 깰 때마다 홍역, 수두, 디프테리아 등 수많은 전염병으로 자녀가 죽을지도 모른다는 끔찍한 공포에 시달렸을 겁니다. 코로나19로 앞으로 우리에게 닥칠 그 어떤 일보다도 소아마비나 1918년 유행성 독감은 규모 면에서 더 심각했습니다. 제1차 세계대전은 전에 겪어본 적 없는 도덕적 참사이자 인재였습니다. 이를 긴 안목에서 조망하는 게 중요하다고 봅니다. 우리 조부모님, 증조부모님은 우리가 지금 이 순간 겪는 것보다 훨씬 더 심한 정도로 안 좋은 일들을 겪었습니다.

저는 마음속으로 굳게 믿고 있습니다. 우리는 결국 이번 팬데믹에서 벗어날 것입니다. 1918년에, 또는 그 이전에 있었던 일들보다는 형편이 훨씬 더 나을 겁니다. 다시 말해 우리는 다른 종류의 취약성으로 이동해 온 겁니다. 100년 전에 우리 조상들이 대처한 문제는 여러 가지였지만 예측 가능했고 그 결과는 파괴적이지만 심각하지는 않았던 반면에, 우리가 처한 지금의 이 위기는 아주 아주 드물지만 극도로 파괴적인 결과를 가져옵니다. 그럼에도 저는 여전히 바이러스성 전염병보다는 지구 온난화를 훨씬 더 걱정하고 있습니다.

러디어드 그리피스

말콤 씨, 갑자기 중요한 논점으로 건너뛰었네요. 많은 사람이 기후변화로 대표되는 실존적 위협을 적절하게 거론해 왔는데요, 하지만 지금 우리가 지켜보는 팬데믹에 대한 대응과 같은 사회 차원에서의 대응은 보이지 않고 있습니다. 사실상 인간이 만들어낸 기후변화의 결과를 인정하지 않으려는 수많은 저항과 기후변화 해결에 꼭 필요한 정책적 대응밖에 보이지 않는군요.

말콤 글래드웰

이번 팬데믹으로 초기, 그러니까 코로나 발생 첫 달에 상황을 부인하거나 부정하는 행태가 변화되는 과정을 지켜보니 흥미롭더군요. 과학계에서 한 무리의 사람들이 앞장서서 말했죠. “이번 사태는 심각합니다.” 그러자 사람들은 과학자들을 점점 더 멀리했습니다. 여러 층위에서 부정하는 게 눈에 보였습니다. 2020년 1월 중순에 경고한 전염병학자들은 대수롭지 않게 무시되었습니다. 그러다가 2주 후에 사람들은 다음 단계로 넘어갔고, 마음을 바꿔 마침내 심각한 사태가 벌어지고 있다는 사실을 받아들였습니다. 다음으로 정치권을 살펴보면 캘리포니아 주지사가 뉴욕 시장보다 먼저 경보를 울리고, 뉴욕 시장이 트럼프 행정부보다 먼저 경보를 울렸습니다. 미디어에서도 이와 비슷하게 시차를 두고 위험을 받아들이고 있습니다. 기후변화에 대해 우리가 경험하는 일도 아주 복잡하고 길게 늘어진 형태이긴 하지만, 비슷한 식으로 시차를 두고 위험을 받아들이는 모습을 보입니다. 과학계는 이제 거의 모두가 기후변화의 위험에 동의하고 있습니다. 그리고 서서히 전문 지식이 없는 사람들을 전향시키는 중이죠. 활동가들과 과학을 이해하는 사람들부터 시작해서 서서히 정치 영역으로 활동을 넓히고 있습니다.

그렇지만 사회의 구석구석까지 철저히 모두 입장을 바꾸고 새로운 진실을 동시에 받아들인다는 시나리오는 상상도 할 수 없습니다. 우리는 그런 세상에 살고 싶은 게 아닙니다. 그런 세상은 다른 이유로 끔찍하니까요. 우리가 사는 자유로운 사회가 다양한 의견 덕분에 유지되었고 적절히 번성해 왔다는 점을 인정해야 합니다. 우리가 큰 문제들을 해결해갈 수 있는 건, 격렬한 토론을 벌여서 모든 편이 자기 입장을 해명하고 자기들이 하는 일에 대해 더 깊이 숙고하게 했기 때문입니다. 우리가 손에 쥔 가장 강력한 패는 사태에 대해 이런 식으로 격렬한 토론을 벌인다는 것이죠. 그 때문에 치러야 할 대가는 사소한 대가이긴 합니다만, 일부 새로 처하게 된 현실을 즉각 수용하지는 못한다는 점입니다. 이런 일은 늘 시차를 두고 일어나니까요.

러디어드 그리피스

사람들은 새롭게 펼쳐진 가상 세계에 아주 재빨리 적응했습니다. 이번 위기로 도입된 재택근무가 영구히 지속될 거라 보십니까?

말콤 글래드웰

저는 개인적으로 집에서 일이나 공부를 하지 않습니다. 카페에서 일하죠. 뉴욕의 카페에 가고 싶어 미칠 지경입니다. 제발 저 좀 집 밖으로 나가게 해주세요. 제 생각엔 완전 반대로 갈 겁니다. 이번 위기 때문에 재택근무는 30년쯤 미뤄질 겁니다. 사람들이 가장 바라는 건 그저 아침에 버스를 타고 사무실로 출근하는 거니까요.

러디어드 그리피스

말콤 씨의 베스트셀러에서 표현을 빌어와 얘기해 보죠. 이번 팬데믹의 티핑포인트는 뭔가요?

말콤 글래드웰

우리가 정확히 파악하고 있는 건지 확신이 들지 않네요. 뭐랄까요, 이번 팬데믹이 처음 발생한 근원지는 우한, 이탈리아 북부, 뉴욕, 이렇게 세 군데였습니다. 2월에 해외 여행객이 많았던 곳입니다. 그게 분명 티핑포인트 같은 거였죠. 전염병에, 특히 유행성 전염병에 늘 해당되는 한 가지 흥미로운 점은 전염이 대단히 불균등한 현상이라는 겁니다. 전염병이 퍼질 때에는 엄청나게 많은 일을 아주 작은 비중의 사람들이 담당합니다. 에이즈 바이러스의 슈퍼전파자가 누구인지 알아내는 데에만 몇 년이 걸렸는데요. 예측한 사람과 다르다는 걸 알게 되었습니다. 이번 코로나에서도 엄청난 걸 배우게 될 겁니다. 이번 바이러스도 다른 바이러스와 비슷하게 급격한 불균형을 보이는 듯한데요, 왜 어떤 이들이 다른 이들보다 전염병에 더 잘 걸릴까요? 전염병의 확장에서 티핑포인트가 되는 것은 무엇인지, 어떻게 하면 앞으로 기하급수적 확산을 방지할 수 있을지, 이번 기회에 더 잘 이해하게 될 겁니다.

러디어드 그리피스

말콤 씨의 신작 『타인의 해석』은 현재 상황에 중요한 여러 가지 통찰을 담고 있습니다. 이 책에서 얻을 수 있는 중요한 교훈이 있다면 뭘까요?

말콤 글래드웰

『타인의 해석』에 담긴 중대한 교훈은 좋든 싫든 별수 없이 인간은 남을 신뢰하는 존재라는 점입니다. 인류가 지금껏 번성하고 살아온 건 타인을 신뢰하고 타인의 이야기를 믿고자 하는 강력한 바람 또는 충동이 있었기 때문입니다. 그건 우리가 때로 쉽게 거짓말이나 사기의 희생자가 될 수도 있다는 뜻이지만, 또한 대부분의 시간에는 남들과 어울려 지내면서 유의미한 관계를 만들 수도 있고, 제대로 작동하고 번성하는 제도를 수립할 수 있다는 뜻이기도 합니다.

신뢰하고자 하는 열망, 그런 충동은 최근에 문화적으로 습득된 것이 아닙니다. 우리의 유전자에 깊이 새겨져 있습니다. 모든 종 중에서도 우리가 최고의 자리에 오른 건 그 때문입니다.

코로나 바이러스 때문에 타인을 신뢰하는 능력이 흔들린다고 느낄 수도 있는 요즘 같은 시기에는 그 무엇도 인간이 다른 인간을 신뢰하고자 하는 근본적인 열망과 충동을 없애버릴 수는 없다는 점을 깨닫는 게 중요하다고 봅니다. 이런 미친 상태가 일 년쯤 더 이어진다고 하더라도 이런 열망을 없앨 수는 없을 겁니다. 아무것도 그렇게 할 수는 없어요.

러디어드 그리피스

말콤 씨, 멋지게 마무리해 주셨네요. 오늘 밤 멍크 다이얼로그에 함께 해주셔서 감사합니다.

말콤 글래드웰

덕분에 즐거웠습니다, 러디어드 씨.

FAREED ZAKARIA

파리드 자카리아와의 대화

러디어드 그리피스

안녕하세요, 멍크 다이얼로그에 오신 걸 환영합니다. 오늘 우리는 세계에서 가장 다재다능하고 유능한 논객이자 대중 소통에 능한 분을 모셨습니다. 현재 〈워싱턴포스트〉의 칼럼니스트이자, 필독서 『흔들리는 세계의 축』 등 수많은 책의 저자이고, 전에는 〈뉴스위크〉 국제판의 기자셨죠. 또한 전 세계적으로 호평 받는 CNN 방송의 유명 정보 프로그램 〈파리드 자카리아 GPS〉의 사회자로 활동하고 있습니다. 파리드 자카리아 씨, 멍크 다이얼로그에 참여하신 걸 환영합니다.

파리드 자카리아

러디어드 씨와 함께하는 자리라면 언제나 즐겁습니다.

그리피스

코로나의 결과로 바뀌게 될 거라 생각하시는 지정학적인 이슈나 사건이나 특징을 하나 꼽는다면 그게 뭘까요, 자카리아 씨의 생각을 듣고 싶습니다.

파리드 자카리아

한 가지 사건만 지목하기는 어렵습니다. 너무나 광범위한 문제니까요. 모든 유형의 다양한 영역에 어느 정도 퍼져 있습니다. 의료 문제와 경제 문제는 물론 자국중심주의까지도 망라합니다. 하지만 이런 위기를 살펴보면 위기가 기존 흐름을 완전히 끝장낸다거나 뒤바꿔놓기보다는, 기존 흐름을 재촉하는 경향이 크다는 게 제 생각입니다. 제1차 세계대전, 제2차 세계대전을 생각해보세요, 양차 세계대전은 이미 벌어지던 트렌드를 가속화했습니다. 미국의 부상이라든지, 대영제국의 몰락 같은 것들 말입니다.

코로나가 재촉한 트렌드를 한 가지 꼽으라면 미국 중심에서 벗어난 세계로의 이행을 들겠습니다. 1989년 공산주의 붕괴 이후 해왔던 지침을 내리고, 상황을 규정하고, 전체 국제 시스템을 상징하는 역할을 미국이 더 이상 해내지 못하는 세계란 뜻입니다. 몇 가지 층위에서 이 점을 목격할 수 있었는데요. 첫째, 미국은 국민을 보호하고 안전을 지켜야 할 아주 결정적인 국면에서 최고가 아니라는 게 이 위기로 만천하에 드러났습니다. 미국은 이 지점에서 좌초되었습니다.

다른 나라는 조금 더 잘 해냈습니다. 영향력 면에서나, 의도 면에서나, 해법 면에서 이제 미국을 보면서 지침을 얻어내려 하지 않습니다. 우리는 한국을 지켜보고 독일을 지켜보고 있습니다. 캐나다도 꽤 잘해 왔어요. 하지만 소프트파워 면에서 보면 미국은 모범이 되는 나라만큼 소프트파워를 갖추지 못했습니다.

두 번째 좌초 지점은 물론 노골적으로 드러나

는 지정학에서입니다. 미국은 세계 최고가 되고 싶어 하지 않습니다. 트럼프 행정부는 회의를 이끌거나 주관하거나 의제를 설정하는 데에 아무런 관심도 보이지 않았습니다. 이 위기가 시작되었을 때 팬데믹 사태를 논의하자고 G7 정상 회의를 소집한 건 프랑스였어요. G20 회의를 소집한 건 하고많은 나라 중에서도 사우디아라비아였죠. 미국은 이 두 회의에서 훼방을 놓았습니다. G7의 나머지 정상들이 '우한 바이러스'라는 이름을 쓰지 않는다는 이유를 들어 공동 성명에 서명하지 않겠다고 하면서요. 이런 행동은 회의를 주관하는 국가가 할 수 있는 게 아닙니다.

이런 면에서 생각해보면 지금 보이는 현상은 제가 2007년에 설명하려 했던 세상에 진입하고 있는 겁니다. 지금은 중국 중심의 세계가 아닙니다. 미국 중심에서 벗어난 세계일 뿐이죠. 우리가 여태 알아왔던 방식으로 미국이 세계를 지배하지 않기 때문입니다. 그렇지만 다른 어느 나라가 지배하는 것도 아닙니다. 불명확하고, 성장이 정체되고, 혼란스럽고, 방향을 잃은 세상이죠. 모두가 어느 정도 이득을 취하려 거칠게 다투고, 어느 나라도 사람들을 공동의 목표나 목적으로 이끌고 있지 않은 그런 세상입니다.

러디어드 그리피스

거대한 지정학적 경쟁에 관해 이야기해 봅시다. 다른 많은 나라와 마찬가지로 캐나다는 중국과 미국이라는 두 슈퍼파워 사이에 낀 괴로운 상태로 이 위기를 맞았습니다. 이번 위기에서 누가 이득을 얻게 될까요?

파리드 자카리아

글쎄요, 실제로는 아무도 이득을 얻지 못할 겁니다. 아무도 책임지지 않는 이런 현실을 재촉한다는 의미에서 보면요. 중국은 이번 위기를 맞아 일부 단계에서 안 좋은 모습을 보였습니다. 이번에 벌어진 팬데믹에 대해 속이고 투명하지 못하고 불분명하게 굴었던 게 분명하죠. 코로나19는 한 가지 면에서 중국 시스템의 취약성을 드러냈습니다. 독재 권력의 탄압으로 나쁜 뉴스가 숨겨지고 정보가 필요한 곳으로 전달되지 못한 것 말입니다. 우리는 이런 현상을 알고 있습니다. 아마르티아 센이 노벨 경제학상을 수상하면서 지적했었지요. 독재는 기근 같은 사태에 대처하는데 몹시 무능하다고 말입니다. 시스템이 훨씬 엄격하고 정보가 절대로 이동하지 못하기 때문이라고요. 중국은 코로나에 대처하기로 결정하고 나서부터는 적극적이고 솔직하고 인상적으로 대처했습니다. 하지만 초기에 잘못된 대응은 단순한 오류가 아닙니다. 그건 중국을 지배하는 공산주의 독재의 특징입니다. 한편 미국인은 스스로를 명예롭게 지켜내지 못했습니다. 서툴게 헤쳐나가고 있어요. 올바르게 기능하지 않는 관료와 국제적인 경쟁력을 차지하려는 노력을 기울이고 싶어 하지 않는 국가와 함께 말입니다.

국제적인 경쟁력을 갖기 위해 중국은 일부 국가에 원조를 제공함으로써 능력을 입증하려 노력하고 있습니다. 하지만 그런 노력은 제겐 아주 미미해 보일 뿐이고, 중국이 보내준 일부 물건들은 허접합니다. 마음을 얻기 위해 결연히 노력하는 것 같지 않아요. 그러니 답보 상태에 처했다는 생각이 듭니다. 두 나라 중 어느 곳도 특별히 잘하고 있지 않으니까요.

벌어진 일들로 인해 기존 흐름이 가속화되었습니다. 러디어드 씨 말씀대로, 이 흐름을 우리는 미-중 라이벌 관계로 설명했습니다. 예전에는 유연한 라이벌 관계라고 할 수 있었습니다. 이 라이벌 관계가 양측 모두 강경해진 상태에서 이 사태를 헤쳐나가게 될 겁니다. 이제는 미국의 고위 공직자들이 공공연히 중국을 비난하고 있습니다. 미국 대통령은 WHO(세계보건기구) 자금 지원을 철회하고 싶어 합니다. 중국을 탓하면서 말입니다. 중국에서는 이제 공직자들이 공식적인 자리에서 미국을 비난하고 있습니다. 바이러스가 미국 군사 실험실에서 만들어졌다고 주장합니다. 분명히 말도 안 되죠. 하지만 알다시피 중국에서는 또한 대미 라이벌 관계에서 강경 노선을 취하는 태도가 부상하고 있습니다.

러디어드 그리피스

파리드 씨, 누가 국제적인 패권을 차지하게 될까요? 이 위기 상황에서 아주 효과적인 대응들이 있었습니다. 예를 들어 대만과 한국 같은 나라에서 말입니다. 파리드 씨가 보기에 이것이 시사하는 바는 뭘까요? 유효한 모델이 있는 걸까요? 대응할 능력, 그것도 재빨리 대응할 능력이 있는 나라가 따로 있는 걸까요? 이런 유형의 나라가 이 위기 후에 이익을 얻게 될까요?

파리드 자카리아

네. 제 생각에 이 위기로 드러난 한 가지 사실은 해묵은 논쟁이 종지부를 찍었다는 것이죠. 정부의 크기나 정부가 지향하는 이념이 이제 더는 중요하지 않다고 할 수 있습니다. 오히려 중요한 건 정부의 자질입니다. 큰 정부인가 작은 정부인가, 좌파인가 우파인가, 경제에 더 많이 개입하는가 적게 개입하는가를 논하는 건 아무 상관이 없습니다. 사람들이 묻는 건 이런 겁니다. 이 정부는 유능한가? 능수능란하고 빠르게 실행할 능력이 있는가? 이 관료 조직은 기능이 뛰어난가? 잘 하는 나라를 살펴보면, 어쨌든, 대부분은 독재 국가가 아닙니다. 한국은 정말 잘하고 있습니다, 거의 최고예요. 독일은 두 번째로 잘하는 것 같습니다. 싱가포르와 홍콩도 매우 잘하고 있습니다. 아주 특별한 경우죠.

대만도 아주 잘하고 있습니다. 중국도 잘하고 있지만, 민주주의 국가들만큼은 아닙니다. 신뢰할 만하고 유능하고 빠르게 행동에 옮기는 방법을 알고 있는 관료 조직을 지향하는 방향으로 경쟁이 벌어지고 있다는 걸 아실 테지요. 사람들은 한국과 싱가포르와 홍콩 정부가 했던 경로 추적 방법이 국가가 개인의 사생활을 침해하는 감시라서 미국은 받아들일 수 없었다고 이야기합니다. 글쎄요, 자세히 알아보면 이들 정부는 빅브라더식의 감시를 하지 않았습니다. 이들이 한 건 대부분 아주 뛰어난 탐정이 하는 일이었습니다.

솔직히 어떤 민주주의 정부라도 할 수 있는 그런 종류의 수고였습니다. 시간과 노력과 정보와 에너지를 갖추었다면요. 정부는 코로나19에 걸린 사람들을 인터뷰해서 묻습니다. “누구를 만났습니까?” 그러고 나서 사람들이 정확히 어디에 있었는지 조사하고 세부 상황을 종합하여 퍼즐을 맞추는 겁니다.

이런 식으로 생각해보세요, 러디어드 씨. 미국은 국방에 7000억 달러를 쓰지만, 아주 기본적인 의미에서 진짜 위협으로부터 국민의 안전을 지켜내지 못하고 있습니다. 급증하는 환자를 의료 체계가 감당할 수 없기 때문입니다. 병원엔 의료 장비가 부족합니다. 이번 팬데믹에 대비된 상태로 있으려면 50억, 100억, 어쩌면 150억 정도가 들었을 겁니다. 이런 종류의 대비에 미국 정부가 연간 사용한 예산의 최대치가 얼마인지 아세요? 70억 달러입니다. 국방부 예산의 1퍼센트죠.

러디어드 그리피스

캐나다가 코로나19를 어떻게 헤쳐나오고 있는지

조금 생각해 볼까요. 한편으로는 이번 위기에 널리 퍼져 있는, 미국에서 당면하고 있는 문화적 충돌은 없습니다. 이곳 캐나다에는 현재 백악관을 차지하고 있는 정치 지도자 문제 같은 건 없습니다. 다른 한편으로는 진짜 도전적인 일들에 일부 직면해 있습니다. 캐나다 달러는 기축 통화가 아닙니다. 인구 3000만 명대의 작은 나라고요. 유럽연합의 일원도, 좀 더 큰 연방 국가의 일원도 아니라서 함께 뭉칠 수도, 수적으로 힘을 행사할 수도 없습니다.

이런 캐나다에 어떤 조언을 해주시겠어요? 이번 위기 이후에 캐나다의 위상은 어떨 거라고 생각하십니까? 약화될까요? 강화될까요? 그냥 이전과 같을까요?

파리드 자카리아

제 생각에, 앞서 이야기했던 정부의 능력 차원에서 보면 캐나다는 아주 잘하고 있습니다. 캐나다 정부의 자질이 매우 뛰어나다는 것, 의료 시스템이 아주 우수하다는 걸 보여주었죠.

비단 의료 시스템만이 아닙니다. 캐나다 사람들은 의회 통과 이후 2~3일 만에 재난 구호금 성격의 정부 발행 수표를 받기 시작했습니다. 미국에서는 재난 지원금이 지체되었죠. 트럼트 대통령이 수표에 자기 이름을 넣고 싶어 했기 때문이었습니다. 하지만 그런 일이 없었더라도 아마 사람들에게 수표를 지급하기까지 한 달쯤은 걸렸을 겁니다. 그것만 봐도 캐나다 정부가 더 잘 대응하고 있다는 걸 알 수 있습니다.

미국은 정부가 운영하는 기본적인 재정 원조를 30~40년 동안 철회해왔습니다. 로널드 레이건 대통령이, 영어에서 가장 무서운 아홉 단어는 "정부에서 나왔습니다. 도움을 주려고요(I'm from the government and I'm here to help)"라고 했던 말에 담긴 철학 때문입니다. 미국의 사상은, 한 번 더 레이건 대통령의 말을 빌자면 "정부는 해법이 아닙니다. 정부는 문젯거리죠"라는 겁니다. 그런 사상 탓에 캐나다가 앞으로 나아가는 동안 우리 미국은 뒤처졌습니다.

러디어드 씨가 말씀하셨던 작은 나라가 처할 수 있는 문제점은 정확히 한국도 직면하고 있는 문제입니다. 그러니 일 처리를 잘할 능력을 갖춘다는 제한된 의미에서라면 캐나다도 잘할 수 있습니다.

하지만 보다 광범위한 맥락을 다루어야 합니다. 광범위한 맥락이 자국중심주의로의 회귀, 진짜 가난으로의 회귀로 판명되고, 그 지점에서 국가들이 서로서로 겨루고, 국제적인 공통 의제는 부재하고, 다원주의의 시대가 아닌 실질적인 양자 관계, 경쟁 구도, 자국중심주의, 보호주의의 시대로 판명된다면 캐나다는 잘 해내지 못할 겁니다. 어느 나라라도 잘 해내지 못하겠죠. 하지만 미국이나 중국 같은 열강이라면 어떻게든 해볼 수 있을 겁니다.

캐나다가 전 세계적으로 잠재력을 발휘한다면, 미국에 좋은 영향을 미치게 될 거라고 봅니다. 미국이 더 다원적이고, 더 글로벌해지도록, 그래서 적어도 미국에만 국한해서 생각하는 게 아니라 북아메리카 경제권과 북아메리카 시스템에 대해 생각하도록, 그리고 훨씬 더 글로벌하게 사고하도록 압력을 행사해야 합니다. 그래야만 우리의 지평이 넓어질 겁니다.

이 위기가 놀라운 것은 거의 성서에나 나올 법한 대규모라는 점입니다. 진정으로 범세계적인 시련이지요. 위기에 대응하면서 거의 모든 나라가 편협한 시각을 드러냈습니다. 범세계적 수준에서만 대처 가능한 문제인 게 거의 분명한데도요. 코로나는 옮겨다니기 때문에 퍼져나갈 수밖에 없습니다. 모두가 협력하지 않으면, 모두가 각자의 자원과 정보를 총동원해서 여행과 무역에 공통의 기준을 세우지 않는다면 말입니다.

하지만 위기가 시작되자 우리는 편협한 시각에 빠져들었습니다. 훨씬 더 대범하게 협력해서 문제를 함께 해결할 수 있는 시점에 질시하고, 편협하고, 경쟁적으로 행동하면서 최선과는 거리가 먼 세상에 들어선 겁니다.

러디어드 그리피스

현명한 말씀이십니다. 전 세계에서 어느 정부가 이번 팬데믹으로 인한 정치적 불안정, 사회적 불안정에 두드러지게 취약하다고 보십니까? 또 다른 '아랍의 봄'이 나타날 수 있을까요? 아프리카에 대규모 사회적 불안과 붕괴의 조짐이 있습니까? 바이러스가 세계에서 가장 취약한 국가들, 취약한 경제권을 휘젓고 있는 이런 상황에서요.

파리드 자카리아

굉장히 흥미로운 질문이군요. 한편으로는 지금 보이는 현상은 이번 위기가 빈곤한 국가에 가져오게 될 아주 파괴적인 효과의 시작에 불과합니다. 미국, 독일, 캐나다 같은 부유한 나라는 비용을 차용해서 위기에서 벗어날 수 있다는 걸 떠올려 보세요. 미국과 캐나다는 사람들에게 나가지 말고 집에 있으면 정부가 보상해 주겠노라고 합니다.

전 세계에서 그렇게 할 수 있는 나라는 몇 안 됩니다. 아마 20개국, 어쩌면 25개국 정도겠죠.

그 나라들에는 책임질 수 있는 정부가 있고, 시장의 신뢰를 얻을 만한 실적이 있어서 쉽게 돈을 빌릴 수 있습니다. 전 세계 대다수 국가, 특히 빈곤한 국가에는 선택권이 없습니다. 이미 전 세계 신흥 시장에서는 거대한 자본 이동이 일어나고 있습니다.

그렇게 이 나라들은 의료 시스템이 취약하고, 정부가 그다지 유능하지도 않고 신뢰할 수도 없으며, 현금 보유량은 많지 않은데 더 늘릴 수도 없습니다. 분명히 떠올려 볼 수 있는 모든 곳에서, 많은 나라가 아주 어려운 시기에 들어갔다고 생각합니다. 이들은 아프리카의 사하라 사막 이남, 방글라데시, 파키스탄, 인도 같이 사회적 경제적 긴장 상태가 시작되고 있는 곳들입니다. 하지만 정치적 위기에 관해 질문하신 거라면, 지금까지는 사회적 거리두기 때문에 아마 표면 아래에서 부글부글 끓고 있을 겁니다. 그러니 질문은 이런 겁니다. 그게 어디에서 터져 나올까요?

러디어드 그리피스

락다운에서 비롯된 채무 부담이 경제를 짓누르고 있는 상황에서, 이미 분열된 유럽연합은 위기를 넘길 수 있을까요? 긴급구제가 얼마나 효과가 있을지, 다양한 유럽 국가들이 유럽 내부의 국경이 되살아나고 있는 지금 이 위기의 순간에 사실상 서로에게 무엇을 빚지고 있는지를 둘러싸고 이탈리아와 독일 간에 실제로 긴장감이 일부 드러났습니다. 이번 팬데믹이 유럽연합의 이상을 실질적으로 위협한다고 보십니까?

파리드 자카리아

팬데믹이 존재하고 있던 유럽의 문제를 실질적으로 제기한 것만큼은 확실합니다. 지금까지 종종 그래왔듯이 어물쩍 넘어갈 수 있을까요? 어쩌면 그럴지도요. 아마 그럴 겁니다. 하지만 벌어진 일들로 인해 유럽이 부려왔던 허세가 드러났습니다. 유럽은 지금까지 두 마리 토끼를 다 잡으려고 노력해 왔습니다. 지난 400년 동안 끊임없이 전쟁을 벌이며 서로 반목하는 이웃이던 모든 국가가, 협력해서 완전히 역사적인 성취를 이루어낸 하나의 연합이라고 생각하고 싶어 하니까요.

멋지게 들릴지는 몰라도 현실적으로 볼 때 유럽연합은 매우 취약합니다. 유럽연합은 재정 동맹이 아닙니다. 남부 유럽 국가 중 하나가 취약해져서 불경기에 빠지면 유럽연합에는 캐나다나 미국이라면 이 상황에서 할 법한 일, 즉 고용 보험을 제공하고 기본적으로 일종의 연방 간 자금 이전을 해낼 현금이 없습니다. 유럽연합의 예산은 GDP 대비 아주 미미합니다. 유럽연합의 행정 조직은 사람들이 어떻게 이야기하든 상관없이 아주 미미합니다.

어떤 면에서 유럽 국가들은 유럽연합의 중요성을 과장해서 말하고 싶어 하면서도 실질적으로는 개별 주권을 포기하지 않았습니다. 어느 지점에 이르러야 주권을 정말 포기하는 걸까요? 공통의 세금 정책이나 대규모 공동 예산에 관해 이야기하기 시작한다면, 주권을 포기하는 거겠지요. 외교 정책 방향성이란 면에서 주권을 포기하는 겁니다. 비록 외교 정책을 담당하는 유럽 연합 위원장이 있다고는 하지만, 대부분의 사람은 위원장이 누구인지 모를 거라고 확신합니다. 실제로는 외교 정책 대부분을 독일의 앙겔라 메르켈 총리, 영국의 보리스 존슨 총리, 프랑스의 에마뉘엘 마크롱 대통령이 이끌어가니까요.

유럽은 이 문제를 해결해야 합니다. 유럽연합을 구할 방법은 더 큰 유럽, 더 강한 결속, 실질적인 재정 이전 등입니다. 이탈리아가 벼랑 끝에 몰려 있기 때문입니다. 이탈리아는 덩치가 너무 커서 종래의 방식으로는 긴급구제가 어렵습니다. 극적인 조치를 취하고 전체 시스템을 개혁해서 진짜 연합으로 변해야만 합니다. 아니면, 유럽연합이 진짜 연합이 아니라는 걸 인정하고 실제로는 공동 관심사로 뭉친 국가들의 연합이며 통합된 대륙이라는 원대한 꿈보다는 일종의 연방국이라는 사실을 직시하게 될 겁니다.

앞으로 5년에서 7년 정도면 결론이 날 거라

는 예감이 듭니다. 코로나가 어떤 식으로든 유럽연합의 허세를 드러내 버렸으니까요. 이제 위기는 너무 깊어지고 부채는 너무 늘어나서 유럽연합은 더 큰 유럽이든 더 작은 유럽이든 한쪽으로 방향을 잡아야만 합니다. 바로 지금 유럽연합은 앞으로도 뒤로도 움직일 수 있는 자전거와 같습니다. 현재 위치에 그대로 머물러만 있을 수는 없죠.

러디어드 그리피스

우리가 사는 자유 민주주의 사회에서조차도 정부가 만든 조치가 평생 겪어본 적 없는 방식으로 국민 개인의 자유를 제한하는 중입니다.

이번 일을 계기로 헝가리 같은 자유 민주주의의 변방에 걸쳐 있는 주변국과 이미 그 방향으로 더 확고히 이동해버린 터키 같은 국가들은 독재정권의 손에 넘어가게 될까요? 코로나19는 독재자들에게 도움이 됩니까?

파리드 자카리아

그렇습니다. 유명한 역사학자 찰스 틸리가 일찍이 위대한 경구를 남겼지요. "전쟁은 국가를 만들고, 국가는 전쟁을 만든다." 이 말의 요지는 언제든 전쟁을 일으키면 국가의 힘은 커진다는 겁니다. 좀 더 넓은 의미에서, 어떤 종류든 대규모 국가 비상사태가 발생해서 정부가 권한을 부여받을 때가 '전쟁'이라고 본다면, 이 바이러스와의 전쟁은 정확히 그런 현상입니다.

헝가리의 오르반 총리를 보면 가장 극명하게 알 수 있죠. 오르반 총리는 사실상 의회를 무력화시켰고, 총리령을 근거로 통치합니다. 인도에서도 일부 목격할 수 있는 상황입니다. 인도 중앙 정부는 갈수록 권한이 확대되어 평소 활발히 운영되던 자율 연방제도를 거슬러, 주 정부의 결정을 기각하기에 이르렀습니다. 모디 총리는 언론에 대해서도 자신에게 고분고분하지 않은 일부 미디어를 탄압할 기회를 잡았습니다. 이런 종류의 흐름을 다들 알고 계시리라 생각합니다. 한 가지 지적할 점은 미국을 포함하여 서방 세계에서는 이런 일이 일어나지 않았다는 겁니다. 트럼프가 자신에게 절대 권한이 있다고 떠들 수는 있어도 미국 시스템이 갖춘 강점 덕분에 12시간 내에 주지사 10명이 트럼프를 비난했고 트럼프가 뭐라 말하든 대통령의 선언에 따라 주를 봉쇄하거나 개방하지는 않겠다고 밝혔습니다. 실제로 전국 주지사협의회의 수장은 공화당인데도 그렇게 말했습니다. 이들 사회에서는 보다시피 제도가 맞서 싸우고 있는 겁니다. 제가 경계하며 살피는 건 다른 나라에서 보는 것처럼 정부가 이 위기를 이용해서 국민에게서 자유를 강탈하는 겁니다. 미국에서 9·11 테러 이후 애국법과 국토안보법을 제정한 뒤에도 그런 일이 벌어졌습니다. 그럴 위험성은 실재합니다. 지금까지 가장 큰 위협은 헝가리 같은 국가들에서 벌어진 일입니다. 헝가리는 이미 시작되고 있던 트렌드를 가속화한 거죠.

러디어드 그리피스

파리드 씨, 이번 위기에 직면해 결정적으로 시급하고 전면적인 조치가 어떻게 이루어지는지 지켜보자니 참으로 놀라웠습니다. 하지만 기후변화 위기에 직면해서는 그런 종류의 조치가 없었죠. 어떻게 생각하십니까? 이런 현재 상황이 유지될까요, 아니면 이번 코로나에 대응하면서, 기후변화에 맞대응하려는 노력을 둘러싸고 새로운 에너지가 생기게 될까요? 아니면 경제 성장이 모든 개별 정부가 집중하는 단일 과제가 되는 바람에 기후변화는 이제 뒷전으로 밀려날까요?

파리드 자카리아

늘 그렇지만, 러디어드 씨는 모든 이슈를 정확히 제대로 짚어내시는군요. 영국의 마이클 고브 장관이 브렉시트 캠페인 기간 동안 "영국에 전문가들은 쌔고 쌨다고 생각합니다"라고 말한 걸 떠올려 봅시다. 이런 종류의 포퓰리즘 운동에 깔린 사상은 "똑똑한 척하는 전문가 녀석들이 사방에 널려 있고, 그놈들은 자기들에게 전문 지식이 있어서 우리가 뭘 해야만 하는지도 알고 있고, 자기들이 정부에게 어떤 주문을 해야 하는지, 우리가 어떻게 살아야만 하는지도 알고 있다고 한다"라는 겁니다. 글쎄요, 팬데믹 상황이 되니 전문가가 있다는 건 정말 유용하더군요. 이런 포퓰리즘 흐름을 겪게 될 사회에서 훌륭한 정부를 정말로 원한다는 자각이 있기를 희망합니다. 물론 아무도 민주주의에 책임감이 없는 독립적인 관료를 원하지는 않을 테지요. 우리에게는 전문가가 필요하고, 특히 과학이 필요합니다.

과학자들이 한동안 경고해 왔던 지금의 전염병에 대해 이제 기꺼이 귀를 기울이고자 한다면 그들이 한동안 경고해 왔던 다른 사안, 즉 지구온난화 같은 문제에도 기꺼이 귀를 기울여야 하지 않을까요? 제 생각에 차이가 있다면 이런 겁니다. 팬데믹에 대해 이야기하는 과학자는 당장 여러분의 생명을 지키는 방법을 이야기하고 있습니다. 하지만 기후변화에 대해 이야기하는 과학자는 여러분의 손자·손녀의 생명을 지키는 방법을 이야기하고 있습니다. 불행히도 현재 상태를 보면 우리는 자기 자신을 구하기 위해서는 기꺼이 어떤 일을 하고 행동을 바꾸고 대가를 치르지만, 다음 세대를 구하기 위해서는 별다른 일을 하려 들지 않습니다.

제 말은 그러니까 슬프게도 현재 상태에 그저 머물러 있는 것 같습니다. 저는 바뀌기를 기대하고 있습니다. 지금 당장 실제로 탄소 배출이 줄어드는 상황이고, 모든 나라가 아마도 파리 협약을 지킬 것입니다. 하지만 이런 식으로 대량 실업 사태와 산업을 정체시켜 가면서 협약을 지키는 건 바라는 바가 아닙니다. 그러기보다는 산업을 지속 가능하게 하면서 이를 달성하고 싶습니다. 이제 마지막으로 지적하고 싶은 것이 하나 있습니다. 교황께서 이렇게 말씀하셨습니다, "어쩌면 이 상황은 우리가 기후와 지구를 대했던 방식에 대해 자연이 복수하는 것일 수도 있습니다."

물론 비유적인 표현이니 말 그대로 해석해서

는 안 됩니다. 하지만 여기에는 과학적 진실이 담겨 있습니다. 인간의 개발, 그리고 계속된 개발의 성격과 속도와 난폭한 방식은 이 세상에서 동물들이 자유롭게 살아갈 장소를 점점 더 많이 빼앗았고 박쥐도 그런 동물이었죠. 사람이 동물에 더 가까이 다가갈수록 질병의 전염 가능성은 더욱 커졌습니다. 박쥐에게서 다른 동물에게, 그리고 인간에게도요.

러디어드 그리피스
파리드 씨의 대답을 듣자니 제가 지난 2주 동안 곰곰이 생각해보고 있는 근본적인 질문이 떠오릅니다. 글로벌 시민으로서 우리는 복잡성으로부터 어떤 이득을 얻고 있는가 하는 의문인데요. 우리 경제의 기능이나 우리 사회는 한 세대 전보다 한없이 더 복잡해졌습니다. 코로나 이후에는 어떤 일이 벌어질까요? 이런 복잡한 상황에 맞게 굳건한 토대를 만들어야 하고, 비축분을 마련해야 하고, 이런 복잡성이 번성할 수 있게 하는 시스템에 투자해야 한다는 걸 이해할 만큼 현명해질까요?

아니면 복잡성이 심지어 더 심화될지라도 우리 경제의 구조적 비용을 떠안으려 하지 않고 어느 정도 운에 맡기고 가동시킬 수 있을 거라 희망을 거는 식으로, 그저 이전에 했던 대로 되돌아가게 될까요?

파리드 자카리아

아시다시피 메시지는 분명합니다. 이 문제에 대해 가장 생각하기 좋은 건 사람들이 9·11 이후에 "대규모 안보 산업을 구축해야 하고, 모두가 신발을 벗고 공항 엑스레이 검색대를 통과하게 해야 합니다"라고 했던 겁니다. 그건 지나간 전쟁에 맞서 싸우는 일이었습니다. 2008~2009년이 지난 후에도 사람들은 경제 붕괴에 대비해 엄청나게 많은 견제와 균형 장치를 마련했습니다.

현실은 이렇습니다. 누구도 절대로 다음 위기를 예측할 수는 없을 겁니다. 우리가 사는 세계가 너무 복잡하기 때문입니다. 우리가 해야 할 일은 회복력, 수용 여력, 비축분, 그런 것들을 갖추는 겁니다. 이제 문제는 회복력이 일종의 시장

근본주의에 맞서게 된다는 데에 있습니다. 미국의 의료가 그처럼 형편없었던 이유는 병원이 90퍼센트의 수용 인원으로 가동되고 있기 때문입니다. 마치 호텔처럼 운영되고 있는 겁니다. 독일에서는 병원을 그렇게 운영하지 않습니다. 독일 의료 시스템은 수용 인원이 급증하는 상황을 염두에 두고 설계되어 있습니다.

다음 위기를 예측할 수 없다면 우리가 사는 세상의 복잡성과 변화가 일어나는 속도에 대처하는 회복력 있는 시스템을 어떻게 갖추어야 할까요? 일부 영역에서는 초과 지출이 필요합니다. 수용 여력을 더 키워두어야 합니다. 어떤 일은 속도를 늦춰야 합니다. 10억분의 1초 차이를 체감할 정도의 초고속 알고리듬 기반 상거래가 필요한가요? 그 덕분에 사람들이 엄청난 돈을 벌게 될까요? 그렇게 하면 어떤 원대한 목적에 기여하게 되나요? 전 세계 경제가 다시 또 무너져 내리지는 않을까요? 우리가 물어야 할 질문은 이런 것이라고 생각합니다.

러디어드 그리피스

좋습니다. 이제 마지막 질문으로 들어가 보겠습니다. 코로나19 이후의 세상이 어떻게 될지, 스페인독감이나 제1차 세계대전 여파를 겪었던 세상에 견주어 전망해 주시겠습니까? 제1차 세계대전 이후 미국은 '광란의 20년대'를 겪었는데요. 전쟁의 공포에 대한 반작용으로 생동감이 엄청나게 넘쳐나던 시기였습니다. 이 위기에서 벗어나면 발산하게 될까요, 아니면 이번 위기가 초래한 경제적, 사회적, 개인적으로 큰 희생을 치른 만큼 일종의 공백 상태에 머물며 정체하게 될까요?

파리드 자카리아

모호하게 얼버무리는 식으로 대담을 마치고 싶지는 않지만요, 많은 것이 이번 팬데믹의 특성에 따라 달라집니다. 대략적으로나마 이야기할 수 있는 건, 스페인독감과는 다른 점이 하나 있는데 이번에는 많은 걸 알고 있다는 거죠. 과학이 훨씬 발전했습니다. 우리 스스로 자문할 능력이 향상됐습니다. 누가 감염되고 누가 감염되지 않는지, 감염의 역학구조는 어떤 것인지? 이번 팬데믹에 대처하면서 근본적으로는 일종의 중세 방식을 시작했습니다. 지금 하는 사회적 거리두기는 흑사병이 돌았을 때 베네치아 사람들이 했던 일 그대로입니다. 꽤 괜찮은 방법이고 필요한 겁니다. 하지만 지금은 이 질병에 관해 알게 된 방대한 지식과 더불어 검사를 하고, 접촉 경로를 추적하고, 면역혈청검사를 통해 누가 항체를 가졌는지 아닌지 알아내면서 질병을 추적하고 있습니다.

그러니 특이한 형태로 일상에 복귀하는 걸 보게 될지 모릅니다. 사람들이 마스크를 쓰고 열을 재면서요. 건강기록부를 다시 사용해야 할 수도 있습니다. 제가 어렸을 땐 여행을 가려면 건강기록부를 이용해야만 했습니다. 인도에 갔다 돌아올 때 사람들은 제가 장티푸스 주사를 맞았는지 알고 싶어 했으니까요. 그러니 아마도 모두가 건강기록부를 갖고 있어야 할 겁니다. 어쩌면 스포츠 경기장에 입장할 때도 건강기록부를 사용해야 할 거예요.

인간은 환경에 아주 잘 적응합니다. 제 생각에 우리 인간은 근본적으로 사회적 동물입니다. 아리스토텔레스가 그렇게 말했지요. 『정치학』의 첫 문장으로 생각되는데요, 아리스토텔레스가 옳았습니다.

우리는 함께 어울려 살고 싶어 합니다. 함께 먹고, 기도하고, 사랑하고, 애도하고, 축하하고 싶어 합니다. 우린 이런 일을 포기하지 않을 겁니다. 그렇게 할 수 있도록 독창적인 방법을 찾아낼 겁니다. 삶은 계속될 테니까요.

그러니까 저는 그런 점에서는 결국 낙관론자네요. 가끔 사람들은 모든 게 변할 거라고 믿습니다. 글쎄요, 인류가 함께 모여 축하하고, 사랑하고, 슬퍼하고, 동지애를 나누려는 열망, 그것만큼은 변하지 않을 겁니다.

러디어드 그리피스

아, 고맙습니다. 파리드 씨. 함께 이야기를 나누고

파리드 씨의 지혜와 통찰을 얻을 기회를 갖게 되어 늘 그렇듯이 즐거웠습니다. 정말 좋았어요. 팬데믹 사태가 지나가면 멍크 디베이트에서 다시 만납시다.

파리드 자카리아

그때는 건강기록부를 챙겨 오겠습니다.

MOHAMED EL-ERIAN

모하메드 엘 에리언과의 대화

러디어드 그리피스

글로벌 경제에 관한 한 세계에서 가장 사려깊고 아주 섬세한 사상가를 이 자리에 모시게 되어 정말 행운입니다. 이분은 유럽에 본사를 둔 세계 최대 자산 관리 보험 회사 알리안츠의 수석 경제 자문이십니다. 세계 최대 채권 운용사 핌코PIMCO의 전직 CEO이자 투자 총괄이었고, 『유일한 선택지 *The Only Game in Town*』의 저자시죠. 이 책 덕분에 저는 글로벌 경제와 그 향방에 대해 생각하게 되었습니다. 오늘 손님으로 모하메드 엘 에리언 씨를 모셨습니다. 멍크 다이얼로그에 오신 걸 환영합니다. 모하메드 씨, 프로그램에 나와주셔서 기뻡니다.

모하메드 엘 에리언

초대해 주셔서 대단히 감사합니다.

러디어드 그리피스

멍크 다이얼로그의 전체 맥락에서 이번 토론, 이번 대화의 근간이 되는 질문으로 곧바로 들어가 보겠습니다. 이번 유행병이 앞으로 몇 년 동안 글로벌 경제에 새겨놓을 흔적 중에 유산으로 남을 게 있다면 무엇일지 모하메드 씨의 생각을 청해 듣고 싶습니다. 이번 일이 갖는 진정한 충격은 무엇이고, 그 충격은 어떤 식으로 체감될 거라고 보십니까?

모하메드 엘 에리언

우선 그야말로 정말 중요한 질문이라고 말씀드리겠습니다. 위기를 관리하는 도중이라면 위기의 다른 면이 무엇인지는 흔히 생각하지 못하니까요. 2008년과 2009년에 우리가 깨우친 중요한 교훈은 글로벌 불황에 맞서 승자가 될 수 있다는 겁니다. 하지만 평화도 얻어야 하지요. 글로벌 경제는 포괄적이고 지속 가능한 고성장이라는 면에서는 어쩌면 회복할 수 있었던 방식으로는 회복하지 못했습니다. 위기가 진행되는 도중에 그런 질문을 던지는 건 정말 중요합니다. 우리는 어떤 세계를 생각하고 있어야 할까요? 장기적으로 지속될 수 있는 단기 대책이 있다면 그건 무엇일까요?

몇 가지는 이미 확실해졌습니다. 먼저, 기업 입장에서 보면 정부의 민간 부문 개입이 엄청나게 커지고 있습니다. 기업을 파산에서 구제해서 일자리를 지키려는 좋은 의도에서지만, 어쨌든 원칙에 따라 시행되고 있지는 않습니다. 민간 부문에서 민간과 공공 부문이 한데 뒤섞일 겁니다. 두 번째로, 기업은 효율성을 강조하던 노선에서 회복력 쪽으로 선회할 겁니다. 그로 인해 생겨날 가장 큰 결과는 공급망을 재가동하는 겁니다. 글로벌화하는 방식에 있어 훨씬 더 신중해질 겁니다. 탈글로벌화deglobalization의 세 번째 추동력이 생겨날 겁니다. 소비자로서 우리 모두가 달라질지 모릅니다. 보다 위험을 회피하는 방향으로 가게 되겠지요. 사실 이번 충격이 장기간 지속되면 대공황이 재현될 수도 있습니다. 그러면 절약하는 사회가 되겠지요. 직장도 달라질 겁니다. 이 시스템에서는 부채가 늘어날 거고, 제가 꼬리 위험tail risk이라고 부르는 것, 즉 가능성은 낮지만 엄청난 결과를 몰고올 사건을 더 많이 의식하게 되겠지요. 그러니 기후변화에 대처하기에는 지금이 적기일 수 있습니다. 기후변화는 이제 꼬리 위험 사건이 아니지만요.

이제 글로벌 공조를 하지 않을 때 어떤 일이 벌어지는지 알게 되었습니다. 민간 부문이 개별적으로나 집단적으로나 놀라운 일을 하는 것도 알게 되었고요. 또 더 나은 민관 협력관계도 알게 되었습니다. 우리는 친절이라는 위대한 행위를 알게 되었고, 최전선에 있는 사람 즉 간호사,

의사, 온라인 수업으로 전환해야 했던 교사들을 알아보게 되었습니다. 그 밖에도 수많은 선행이 있습니다. 중요한 건 세상이 달라질 거라는 점, 그리고 그런 달라진 세상에서 길을 찾는 방법을 편견 없이 받아들여야 한다는 점을 이해하는 일입니다.

러디어드 그리피스

개입 문제에 좀 더 깊이 들어가 봅시다. 정부의 경제 개입을 출발점으로 삼으셨으니까요. 지금 벌어지고 있는 복잡하게 얽히고설킨 관계의 핵심 요소가 모하메드 씨의 책 『유일한 선택지』의 중심 주제입니다. 책에서는 중앙은행이 얼마나 재정 규율을 제대로 재정비했는지를 이야기하고 있습니다. 중앙은행은 경제의 방향 설정에서 현저히 중요한 역할을 했고, 그 때문에 이전에는 결코 경험하지 못했던 방식으로 우리의 일상생활에 영향력을 행사했습니다. 그런 영향력은 경제 위기가 끝나고서도 바로 사라지지 않았습니다. 2016년 무렵 모하메드 씨가 이 책을 썼던 때인데요, 중앙은행의 영향력은 양적 완화와 모든 종류의 단계별 조치로 인해 절정에 달했습니다. 이번 위기로 중앙은행의 개입은 완전히 다른 차원의 영향력을 갖게 되었습니다. 이 일이 어디로 향하게 될지 얘기해 주시지요. 다시 말해 오늘이나 다음주가 아니라 지금부터 1년 후나 3년 후, 혹은 10년 후까지도 이런 개입의 여파와 위험성이 지속된다면 그건 뭘까요?

모하메드 엘 에리언

초기 조건이 중요합니다. 1~2년 후에 어떤 일이 벌어질지 알고 싶으면 현 상황이 어디에서부터 흘러왔는지 아는 게 좋습니다. 중앙은행이 스스로 선택한 것이 아니라 필요에 떠밀려서, 효율적으로 감당할 수 없는 책임을 짊어지게 된 상황이 시작점이 되었습니다. 그러니 2008년과 2009년의 글로벌 경기 침체에 맞서는 전쟁에서 승리를 거둔다는 개념을 돌이켜 봅시다. 중앙은행은 그 당시 승리에서 중요한 역할을 했습니다. 이전에는 상상조차 할 수 없었던 식으로 개입해서 거둔 승리였지요. 위기에서 벗어나자마자 불개입 정책이 있어야 했습니다. 그때의 폭락이 글로벌 경제에 가져온 충격이 주기적인 게 아니라 구조적이었다는 걸 깨달아야 했었지요. 우리에겐 잘못된 성장 모델이 있었습니다. 금융에 의존하는 성장 모델에 깊이 빠져들었습니다. 인력과 자본의 생산성에 의존하는 성장 모델로 되돌아가야만 했어요.

하지만 그런 성장 모델 전환은 이루어진 적이 없었습니다. 중앙은행은 정말이지 빠져나올 수가 없었습니다. 오히려 점점 더 끌려들어 갔죠. 병원에서 진찰받는 상황을 생각해봅시다. 구조적 장애가 생긴 환자가 있다고 해보죠. 다리에 뭔가 문제가 생겨서 달릴 수 없는 상태입니다. 의사가 말합니다. "그래요, 외과 수술이 필요합니다. 그러니 통증을 완화시킬 약을 드리겠습니다." 환자는 1년 후에 돌아옵니다. 통증은 그대로 남아 있습니다. 의사는 약을 두 배로 늘려줍니다. 다시 1년 후에 돌아오면 약은 세 배로 늘어날 겁니다. 우리에게 필요한 건 인프라에 대해 이야기할 사람입니다. 노동의 귀환을 도울 수 있는 사람이 필요합니다. 하지만 의사와 마찬가지로 중앙은행은 경제적 책임에서 벗어날 수는 없을 겁니다. 보다 유연하고 정치적으로 자율성이 있기 때문입니다. 중앙은행은 어떤 조치를 취하기 위해 의회의 승인을 받을 필요가 없습니다.

책을 썼던 2016년 당시만 해도 소득 불균형에서 시작해서 불충분한 성장, 과도한 위험 감수에 이르는 이런 경로가 스스로 파괴의 씨앗을 뿌렸다는 게 분명해 보였습니다. 지속할 수 있는 경로가 아니니 5년 내로 무너져내릴 거라고 생각했어요. 당시 저는 주의하지 않으면 심각한 위기에 봉착하게 될 거라고 주장했습니다. 선택 때문이 아니라 성장이 지속되지 못할 것이며 더는 빠르게 대응할 능력이 없다는 데에서 이유를 찾았습니다. 이런 식의 거대한 충격으로부터 취약성이 발현될 거라고는 전혀 예측하지 못했습니다. 지금 우리는 1930년대 대공황 이후 최악의 경기 침체를 맞이하고 있습니다. 숫자로 보여드

릴 수도 있겠지만 제 말을 믿으세요. 지독한 상황입니다.

중앙은행이 대응에 나섰습니다. 하지만 지난 번 경기침체 때보다 더 많은 일을 해야 했지요. 글로벌 금융 위기가 아닌데도 말입니다. 이제 중앙은행은 문자 그대로 생각해낼 수 있는 모든 시장에 개입합니다. 한 가지 예외가 주식 시장입니다. 연방준비제도이사회는 최상위 시장인 재무부부터 모든 고수익 시장에 관여합니다. 고수익 시장은 채무불이행 위험도가 높지요. 이전에는 상상할 수 없었던 일이지만, 이들은 시장이 제 기능을 유지하게 하려면 개입하지 않을 도리가 없다고 봅니다. 불행한 일이지만 의도치 않은 수많은 결과가 새로 생겨날 겁니다. 앞으로 겪어나가야만 하겠지요. 전쟁의 포연에 둘러싸인 채로 비상사태에 대응하려다 보면 최선이 아닌 일을 하게 됩니다. 완벽함을 추구하려다 제때 해야 할 일을 놓칠 수도 있으니까요. 따라서 뒤따라오는 피해를 줄이기 위해서는 두 번째 단계의 행동을 취해야만 할 겁니다. 어떻게 해야 2008년과 2009년의 과오를 되풀이하지 않게 될지 지금부터 생각하기 시작하는 게 아주 중요한 건 그런 이유에서입니다.

러디어드 그리피스

다른 이슈로 시선을 돌려볼까요. 이제 미국의 주식시장을 살펴보겠습니다. S&P 지수는 12개월 내 최고점을 회복하고 있습니다. 하지만 미국인 2400만 명 이상이 현재 실직 상태입니다. 팬데믹 상황에서 이른바 1퍼센트에 해당하는 투자자 계층은 정부와 중앙은행이 개입한 결과 보통 사람들보다 꽤 잘 지내고 있습니다. 보통 사람들은 직장을 잃고, 극심한 경제적 불안에 시달리고, 이번 팬데믹으로 인한 경제적 부담을 편중되게 떠안고 있습니다. 이번 위기의 여파로 생겨나는 이런 현상이 우리 경제와 중앙은행 같은 제도에 어떤 의미를 갖는다고 보십니까? 정치적 독립이 위험에 처한 걸까요?

모하메드 엘 에리언

네. 몹시 우려됩니다. 지금은 아직 다음 번 개입에 들어가기도 전인데요, 좋은 의도에서 시작했다고 하더라도 결국 부의 불평등에 기회의 불평등마저 악화시키게 될 겁니다. 대기업들은 연준이 지원하는 금융 시장에 접근할 수 있습니다. 하지만 중소기업은 그럴 수 없죠. 그러니 연방준비제도 이사회가 개입하는 방식이 대부분 부자들인 금융 자산 소유자와 금융에 접근할 특권을 누리는 대기업에만 유리하다고 알려져 있습니다. 보세요, 중앙은행이 딱하단 생각이 드는 건 그들에겐 경제에 직접 관여할 방법이 없습니다. 유일하게 개입할 수 있는 방법은, 소위 금융여건을 변화시키는 일, 즉 이자율을 낮춰서 돈을 빌려서 주택담보 대출을 갚을 수 있게 하거나 위험 부담을 무릅쓰고 밖으로 나가 더 많이 소비 지출을 하도록 장려하는 것입니다. 하지만 근본적으로는 지속 가능한 전략이 아닙니다.

주식 시장이라는 특정 사례를 들면 투자자들은 연방준비제도 이사회가 언제까지나 자기들의 절친best friend일 거라고 믿을 만한 여건에 있었습니다. 저는 이걸 '영원한 절친 증후군best friends forever', 즉 BFF 증후군이라고 부르는데요. 여러 차례에 걸쳐서 특히 중앙은행과 연준은 시장을 안정시키고 변동성을 줄인다는 명목으로 개입했습니다. 그리고 투자자는 연준을 믿을 수 있는 여건에 줄곧 있었습니다. 펀더멘탈이 어떤 상태인지는 중요하지 않습니다.

이제 주식 시장은 현재와 미래의 경제 펀더멘탈과는 완전히 분리된 채 상승 국면으로 돌아섰습니다. 투자자들은 어떻게 하더라도 잃을 게 없는 상황이라고 믿고 있으니까요. 모두에게 놀라운 일이겠지만 그들은 경제 회복에 돈을 걸 수 있습니다. 예측이 맞아서 이익을 얻게 되거나, 설사 틀린다 해도 연준이 개입해서 구제해 줄 테니까요. 그게 바로 '페드 풋Fed Put'으로, 투자자들이 보호받는다는 개념입니다. 그 때문에 지금의 도덕적 해이가 생겨났고, 자본이 잘못 배분되고 과도한 위험 감수가 부추겨지게 되었습니다.

러디어드 그리피스

그런 식으로 돈을 걸게 하는 게 맞다고 생각하십니까? 페드 풋이 가동 중이라서 투자자층은 실질적으로 모하메드 씨가 경제 전문가 입장에서 가격 탐색price discovery이라고 표현한, 실제 가치에 따라 물건 가격을 매기는 식으로, 효율적으로 시장이 작동하는 일을 겪을 필요가 없다니요. 그런 식의 효율적인 시장 작동이 애초에 자본주의 시스템을 받아들인 근본적인 이유라고 생각하는데요. 가격 탐색을 거쳐서 자본을 효율적으로 배분한다는 긍정적인 성질이 내재해 있지 않다면 어째서 자본주의가 가져오는 그밖의 부정적인 외부 효과를 용인하는가 싶은데요.

모하메드 엘 에리언

그 말씀에 전적으로 동의합니다. 시장은 자본을 배분하고 돈을 저축한 사람에게서 가장 필요로 하는 사람에게로 전달하는 중요한 역할을 합니다. 또한 기업의 행위에 기강을 잡는 중대한 역할도 하지요. 따라서 시장은 대단히 중요합니다.

연준이 어디로 나아갈 것인지 예측할 수가 없습니다.

제가 말할 수 있는 건 연준이 그쪽으로 가면 저는 보조금 지원으로 살아남은 '좀비 기업'에 관해 이야기할 뿐 아니라, 좀비 시장에 대해서도 이야기하게 될 것입니다. 현재 연준이 펼치는 주장은 시장의 기능을 유지해야 한다는 겁니다. 하지만 그렇게 하면 엄청난 대가가 따를 겁니다. 경제만이 아니라 연준 자체의 신뢰성이나 정치적 자율성도 훼손될 거예요. 그런 점에서 연준 자체의 대차대조표에 거대한 자본 붕괴의 위험을 받아들이게 될 겁니다. 중앙은행이라기보다는 재정 담당 기구 정도가 되겠지요.

러디어드 그리피스

대단한 통찰입니다. 글로벌 무대로 좀 옮겨 볼까요. 이번 위기의 여파로 개발도상국의 정세는 어떻게 될까요?

모하메드 엘 에리언

선진국 경제는 초유의 사태를 겪고 있습니다. 경제가 갑자기 멈춰섰지요. 모든 것이 끝장나고 소비와 생산이 동시에 무너졌습니다. 이런 일은 선진국 경제에서만 일어나고 있는 게 아닙니다. 글로벌 경제 차원에서 벌어지고 있는 일입니다. 상상조차 할 수 없었던 일이죠. 선진국과, 싱가포르, 그리고 당연하겠지만 중국이 어떻게 해오고 있는지 모두가 계속 주목하고 있습니다. 하지만 가장 취약한 곳은 개발도상국입니다.

지금 벌어지는 일은 이렇습니다. 첫째, 개발도상국은 다른 나라에서 일어난 일의 파급 효과를 감당하는 중입니다. 이에 따라 소득과 연계된 생필품 가격이 내려가고 관광업은 위축되고 해외 근로자로부터 송금받는 돈도 줄어들었습니다. 개발도상국은 우리가 하는 것과 같은 손실 제한 방식으로 대응할 능력이 없습니다. 그러니 경제적 손해가 막심합니다. 이건 모두 바이러스 발생 전부터 벌어지고 있던 일이었습니다.

짐바브웨는 전국적으로 산소호흡기가 다섯 개입니다. 나이지리아는 인구가 2억 명인데 산소호흡기는 500개입니다. 의료 시스템이 아주 아주 순식간에 감당 불능 지경에 빠질 겁니다. 국민 보건 측면에서 지독한 바이러스를 이해하고 백신을 개발하려는 움직임과 경제를 살리려는 다른 측면의 움직임 간에 서로 치고 나가려는 경쟁이 있습니다.

그간의 인명 피해가 엄청났다는 걸 분명히 해둡시다. 어떤 백신을 개발하든 도움을 주기 위해 할 수 있는 어떤 검사를 할 수 있든, 서구 사회에는 분명히 그 일을 빨리 해내야 할 도덕적 책무가 있습니다. 그리고 모범적인 성공 사례를 반드시 아주 빨리 공유합시다. 개발도상국이 통제 불능의 위기를 피하기를 바라니까요. 그들에게는 여기에 대처할 역량이 없습니다. 뉴욕과 이탈리아에서 보았던 것처럼, 경제가 발전한 도시나 나라도 아주 순식간에 감당 못할 지경에 이르렀습니다.

러디어드 그리피

그렇다면 캐나다와 미국이 다른 나라, 다른 경제권, 또는 코로나19를 비롯한 질병을 퇴치하려는 활동을 지원하기 위해 자원을 전용해서는 안 된다고 하는 일부 사람들의 의견에 대해서는 어떻게 생각하십니까? 모하메드 씨는 국제 원조와 개발 관련 오바마 대통령의 자문 위원이셨지요. 자국민에게 집중해야 한다고 믿는 편과 다른 국가를 원조해야 한다고 믿는 편 사이에 갈등이 벌어지는 걸 보셨을 겁니다. 도움이 필요한 다른 나라에 충분히 투자하거나 충분히 돕지 않는다면 어떤 결과가 생길 거라고 보십니까? 그런 일이 앞으로 몇 달, 몇 년 후에 여기 우리 경제권에 어떤 식으로든 역으로 타격을 입히게 될까요?

모하메드 엘 에리언

저는 이 질문에 깊이 공감합니다. 우리가 대면하고 있는 세 가지 모순 중 하나죠. 정말 정말 어렵습니다. 먼저 국가적 이익과 글로벌 책무 사이의 모순이 있습니다. 두 번째 모순은 의료 정책이 요구하는 사회적 거리두기, 격리, 고립 등과 경제가 요구하는 바가 완전히 정반대라는 겁니다. 세 번째로는 개인의 이해관계와 집단의 이해관계 사이에 감도는 팽팽한 긴장감입니다. 둘 간에 조화를 이루는 데에 어려움을 겪고 있습니다. 이 이슈들이 얼마나 까다로운지, 사람들이 얼마나 다르게 받아들일 수 있는지에 완전히 공감하고 있습니다. 하지만 이들 간 균형을 도모하는 지점에 대해 생각해 봐야 할 몇 가지를 말씀드리겠습니다.

하나는 개발도상국이 완전히 파괴되지 않게 하는 데에 서구 사회의 경제적 사회적 이해관계가 걸려 있습니다. 그런 일이 생긴다면 거대한 규모의 이주가 이어질 것이고, 그걸 통제하기란 아주 어려울 테지요. 개발도상국의 붕괴는 우리의 상품 수출에도 영향을 미칩니다. 누가 우리 상품을 열렬히 사들이는 주요 사용자인가요? 개발도상국 사람들입니다. 국가 안보라는 이해관계도 걸려 있습니다. 지금 우리는 사람의 마음을 얻기 위해 싸우는 중입니다. 동맹국도 적국도 둘 다 압박을 받고 있으며 경쟁하는 걸 알 수 있습니다. 이제 중국은 소위 마스크 외교에 착수해서 개별 아프리카 국가 전체에 감염 예방을 위한 개인보호장비를 보내고 있습니다. 국가 안보를 진척시키려는 전략적 함의가 담겨 있는 일입니다.

마지막으로는 도덕적 책무가 있습니다. 우리에게는 수많은 구호 정책을 감당할 능력이 있습니다. 다른 이들을 도울 여력도 있습니다. 서구권에서 이 일은 하고 안 하고를 선택할 문제가 아닙니다.

그러니 제 생각에는 이런 요인들을 고려해야만 합니다. 최선은 서구 사회가 공조하여 대응하는 것입니다. 다자간 협의체를 통해 공동 책임을 지는 거죠. 캐나다는 개발도상국을 돕는 데 전 세계적인 책임이라는 부담감을 조금 더 짊어지는 모범을 보였습니다. 그러면서 이 이슈에 대해 도덕적 권위가 커졌습니다. 계속 그렇게 해나가되 이 일을 공조해서 해나가려 노력한다면 모두가 관심을 기울이게 될 겁니다.

러디어드 그리피스

그런 맥락에서 전 세계적으로 락다운이 증가하고 있는 상황인데요. 민족주의로의 전환을 예견하십니까? 국가의 정치 체제에 민족주의와 포퓰리즘이 더 많이 나타나면 글로벌화된 세계와 글로벌화된 경제가 어떤 식으로 굴러갈까요?

모하메드 엘 에리언

글로벌화에 대해 먼저 이야기해 보겠습니다. 이번 일이 글로벌화에 큰 타격을 입힌 주요 사건으로는 세 번째가 되겠네요. 첫 번째 타격은 글로벌화가 너무나 많은 사람을 배제했다는 걸 올바로 인식했을 때였습니다. 그에 대해 민족주의적인 반응이 있었습니다.

두 번째 타격은 미국이 관세 전쟁에 착수했을 때 나타났습니다. 타당한 이유가 있었어요. 지적재산권 절도, 불균형한 시장 접근성에 대한 반발같이 오랜 기간 쌓여온 불만이 그 이유였습니다.

하지만 미국은 중국에 같은 불만을 품고 있는 동맹국들과 협의도 없이 전쟁을 시작해 버렸습니다. 게다가 이 이슈에 대응하느라 가동 중이던 메커니즘을 깡그리 무시해 버렸어요. 그런 식으로 보호주의를 발동시켰습니다. 그런데 일단 지니가 호리병 바깥으로 나오고 나니 여러 가지 이유를 들어 경제적 도구의 무기화가 이용 가능해졌습니다. 그러면서 이 두 번째 타격으로 선진국 등 자유무역의 대표주자들이 가장 극심한 보호무역주의 경제가 되어버렸습니다.

세 번째 타격은 이번 위기에 대응하면서 기업들이 효율성보다는 회복탄력성에 집중하게 될 거란 점입니다. 이들은 필요할 때 필요한 물건만 확보하는 재고관리는 생각하지 않게 될 겁니다. 비용 대비 효과가 좋은 글로벌 공급망을 덜 강조하는 대신 본사에 더 가까운 곳으로 생산 시설을 되돌려 놓을 겁니다. 다른 나라에는 안 좋은 일이겠지만 사실 캐나다와 멕시코에는 이로울 수도 있습니다. 하지만 이것은 글로벌화에는 세 번째 타격입니다. 우리가 탈글로벌화 시기에 들어서지 않을 거라고는 상상도 하기 어렵습니다.

우리는 부채가 증가한 세상, 5주 만에 2600만 명이 일자리를 잃은 세상에 살고 있습니다. 전체 노동 인구의 16퍼센트에 해당하죠. 10년 동안의 일자리 창출이 도로아미타불이 되었습니다. 그뿐이 아닙니다. 팬데믹이 누구의 잘못이었는지 국가 간에 책임 공방이 벌어질 테고 민족주의를 부채질하겠지요. 글로벌화에 역행하는 장기전에 돌입하게 될 테니 이를 헤쳐나가야만 할 거라고 굳게 믿고 있습니다.

러디어드 그리피스

이 위기를 넘기면서 현재의 낡은 산업으로 회귀하기보다는 지속 가능한 에너지와 친환경 산업을 앞당겨 발전시키면서 경제를 재건할 수 있을까요? 아니면 반대의 일이 벌어져서 이런 식으로 말하게 될까요? "이것 보라고, 그런 친환경 운동은 전부 다 좀 미뤄둬야 해. 지금 당장에는 성장이 우선이라고. 사회 전반적으로 경제를 발전시키고 경기를 회복하는 게 가장 중요하잖아."

모하메드 엘 에리언

그럴 위험성을 걱정하는 중입니다. 지금은 기업과 정부 양쪽 모두에게 절호의 기회입니다. 이 끔찍한 비극을 딛고서 장기적으로 우리가 다다라야 할 곳에 걸맞은 일들을 해야 할 때니까요. 우리가 여정만이 아니라 목적지에도 책임이 있다는 생각을 자꾸 하게 됩니다. 그 목적지는 우리가 선택한 것을 반영하게 될 테니까요.

괜찮다면 행동 과학으로 잠시 방향을 바꿔보겠습니다. 안전지대comfort zone에서 벗어난 사람이 보이는 반응에는 세 가지가 있습니다.

한 가지는 부정입니다. 안전지대에서 벗어나고 있다는 사실을 믿지 않으려 드는 겁니다. 지금은 그조차도 할 수 없죠. 사람들이 제집 밖으로도 못 나가고 있는 형편이니까요.

다른 한 가지 반응은 결혼한 부부가 아주 잘하는 일인데요, 문제를 재정의하는 겁니다. 불편한 말을 들으면 편한 말로 재해석해 버립니다. 누군가 집이 지저분하다고 불평합니다. "네 그래요, 지저분한 거 알아요. 청소할 시간이 없거든요. 내가 너무 열심히 일하기 때문이죠. 내가 이렇게 열심히 일해서 좋아진 점들을 보라고요." 이렇게도 할 수 없습니다. 현실이 너무 엄연하니까요.

세 번째 위험한 반응은 능동적인 관성이라고 부르는 겁니다. 뭔가 다르게 행동해야 한다는 걸 알면서도 결국엔 똑같은 행동만 하게 되는 거죠. 영어를 쓰는 관광객들을 인솔해서 프랑스에 간다고 가정해 봅시다. 영어를 못 알아듣는 사람에게 질문을 해보라고 하면 관광객이 흔히 하는 행동이 있습니다. 똑같은 내용을 영어로 말하면서 더 천천히 크게 말합니다. 이런 걸 능동적인 관성이라고 합니다. 머릿속으로는 분명 다르게 행동해야 한다고 생각하는데, 결국 보면 같은 일을 하고 있는 겁니다. 지금 미국에서 해오고 있는 위기관리가 바로 능동적인 관성입니다. 아주 신속하게 전력을 기울여서 대응했습니다만 새로운 세상에는 맞지 않는, 예전 세상에서나 통했던 일을 하고 있거든요.

항공사와 곧 적용될 석유 산업을 예로 들어보겠습니다. 예외적으로 특별히 심각한 타격을 받은 업종이 있고, 해당 업종을 긴급 구제해야 한다는 게 지금까지 해왔던 방식입니다. 항공사가 확실히 그렇게 해왔습니다. 별다른 의문 제기 없이 에너지 부문에도 그렇게 해야 한다는 논의가 있습니다. 왜 그들을 긴급 구제해야 합니까? 어떤 조건으로 해야 하는 거죠? 미래 경제에서 그들의 역할은 무엇입니까? 출구 전략은 어떤 모습일까요? 위기관리에서는 불완전하더라도 개선책을 받아들이는 것이 양해가 됩니다. 하지만 이 위기관리 단계가 게임 이론에서 말하는 개별 게임 한 판이 아니라는 게 밝혀졌다면요? 불행히도 한동안 이런 상황에 부닥치게 된 거라면 단기적으로 시급한 일과 장기적으로 중요한 일을 둘 다 확실히 살펴야 합니다.

그리고 이건 정부만이 아니라 기업에도 해당되는 이야기입니다. 이번이야말로 절호의 기회입니다. 사업체는 일을 어떤 식으로 해나가고 있는지 살펴보고 자문해야 합니다. "지금과는 다른 식으로 일해야 하는 게 아닐까?"

러디어드 그리피스

대단한 분석입니다. 미국-중국 공급망이 어긋난다고 가정하면, 앞으로 3년에서 5년 사이에 어느 나라나 지역이 가장 이득을 보리라고 생각하십니까? 북아메리카, 인도, (중국을 제외한) 아시아태평양 지역, 유럽 공동체 중에서요?

모하메드 엘 에리언

공급망을 재설정하려는 기업의 의사 결정 논의가 폭포처럼 쏟아지겠지요. "이걸 본국으로 가지고 돌아올 수 있을까? 비용이 얼마나 들까? 본국으로 가져올 수 없다면, USMCA(미국-멕시코-캐나다 협정) 권역 안에는 둘 수 있을까? 법적 제도적으로 확실성이 보장되는 멕시코와 캐나다에 공급망을 둘 수 있을까? 이쪽에 둘 수 없다면 유럽에? 유럽에 둘 수 없다면 다른 신흥 경제권, 특히 베트남, 인도네시아, 필리핀 등에 둬야 할까?"

제 생각엔 기업들이 이렇게 쏟아지는 의사 결정 논의를 겪어나가다가 재무 담당 이사와 전문 인력들로부터 첫 승낙을 얻고 나면 그쯤에서 그만두게 되지 않을까 싶습니다. 대부분 처음 두세 개 질문 정도에서일 겁니다. 이 위기 전에 저는 사람들에게 이야기했습니다. 베트남, 인도네시아, 필리핀 같은 나라가 무역 전쟁의 영향과 무역 전쟁 때문에 공급망을 재논의하려는 이들로부터 이익을 얻고 있다고요. 그것이 이제는 본국에 점점 더 가까이 오게 될 거라고 봅니다.

러디어드 그리피스

좋습니다. 보내드리기 전에 마지막 질문을 하나 더 드리고 싶습니다. 이번 팬데믹은 작은 정부가 경제에 더 이롭다는 신자유주의의 주장을 약화시킬까요, 또는 보다 사회주의적인 계획을 실천하는 정부, 다시 말해 경제를 더 많이 통제하는 더욱더 강하고 회복력 있는 정부가 필요하다는 걸 시사할까요?

모하메드 엘 에리언

굉장한 질문이군요. 우연찮게 우리는 큰 정부를 마주하게 되었습니다. 대부분의 경제학자들이 완전히 비현실적이라고 여겼던 두 가지 이론이 있습니다. 이 이론들은 실은 충분히 연구되지도 못했습니다. 그중 하나가 '보편적 기본소득universal basic income'입니다. 테크 쪽에서 이야기가 시작되었죠. 시민이라는 이유만으로도 사회가 시민에게 소득을 지불할 의무가 있다는 주장입니다. 다른 하나는 '현대 통화 이론modern monetary theory'입니다. 인플레이션 발생 외에는 정부의 크기에 제한이 없다는 주장입니다. 물가 상승이 아주 급격하게 일어나지는 않는다고 배워왔기 때문에 정부의 지출에 제한이 없고 중앙은행이 정부를 부양할 수도 있습니다.

2020년 1월에 다수의 경제학자에게 이 두 가

지 구상이 앞으로 5년 이내에 미국에서 적용될 가능성이 얼마나 될지 물었다면 10퍼센트 미만이라고 대답했을 겁니다. 그런데 지금은 둘 다 시행 중입니다. 1200달러의 수표가 국민에게 우편으로 지급되었습니다. 초대형 적자가 중앙은행의 대량 유동성으로 메꿔지고 있습니다. 그러니 우리는 더 큰 정부의 시대에 들어선 겁니다. 러디어드 씨의 질문에 답이 되었는지 모르겠습니다. 여기서 얻는 이익은 뭐고 그 대가는 또 뭐냐고요? 우린 그냥 우연히 이 상황에 들어선 겁니다.

말씀하셨듯이 엄청난 논란이 지펴질 겁니다. 엄청난 논란이란, 그런 성장을 얼마나 빠르게 관리할 수 있느냐에 관한 겁니다. 다들 알고 있듯이 어떤 지점을 넘어가면 경제는 생산성과 활력을 희생시킵니다. 그리고 우리가 어디쯤까지 왔는지 알아내야만 하게 될 테지요. 제가 가장 우려하는 건, 가장 시급한 이슈가 무엇이었든, 금융 위기든 팬데믹이든, 땜질식 처방으로 사회를 재편해왔다는 점입니다. 그 때문에 엄청나게 얽히고설켜 버린 걸 풀어내는 데만도 몇 년은 걸릴 겁니다.

러디어드 그리피스

멍크 다이얼로그를 대표해서 인사드립니다. 참여해 주셔서 진심으로 감사드립니다. 평소대로 솔직하고도 겸손하게 주제들을 풀어 주셨네요. 언제나 그렇듯 대단히 즐거운 대화였습니다.

SAMANTHA POWER

서맨사 파워와의 대화

러디어드 그리피스

오늘 밤 이 자리는 멍크 다이얼로그 네 번째 시간인데요. 국제 정세, 국제 정치, 국제기구에 관한 세계 최고의 지성 서맨사 파워 씨와 이야기 나누는 기회를 갖겠습니다. 시사전문지 〈US뉴스앤월드리포트〉의 종군 기자로 일찍이 두각을 나타낸 분이며, 동시대 최고의 인권학자이십니다. 공직에서도 활발한 경력을 쌓았는데요, 버락 오바마 대통령 임기에 미국 NSC(국가안전보장회의)에서 일했고, 나중에는 오바마 대통령에 의해 UN주재 미국 대사로 임명되었습니다. 또한 아주 멋진 회고록

『어느 이상주의자의 교육*The Education of an Idealist*』으로 퓰리처상을 수상한 바 있죠. 서맨사 씨, 모시게 되어 영광입니다.

이번 팬데믹이 남긴 앞으로도 지속될 유산이 무엇이라 생각하시는지 서맨사 씨의 성찰과 생각을 들어보는 걸로 시작해 보겠습니다. 다음 달 이야기가 아니라 앞으로 몇 년 뒤까지 우리의 제도를 어떻게 바꾸고 새로 만들 것인가라는 점에 대해서요, 아마도 더 중요하게는 집단 안보를 자각하고 이를 추구하는 태도를 어떻게 바꿀지도 들어보겠습니다.

서맨사 파워

제 생각에 인간이란 어떤 면에서 이처럼 질문을 던지고 답을 구하는 존재입니다. 그러니 어떤 종류의 결과물이라든지 배울 점을 만들어 내고, 잘못된 흐름을 바로잡고 올바른 흐름을 앞당기는 건 모두에게 부과된 의무입니다. 하지만 단기적으로는 의문의 여지 없이 미국-중국 긴장 관계가 커져왔고, 이번 팬데믹을 겪는 몇 달 안 되는 짧은 기간에 이 관계는 훨씬 심각한 정도로 더 뚜렷이 악화되었습니다. 당연히 평화와 안보를 제정하고 시행하는 최고 국제기구인 유엔안전보장이사회도 교착 상태에 빠졌죠. 이번 팬데믹이 발발하기 전부터 이미 부상하던 자국중심주의는 단기적으로 고양될 것 같습니다. 특히 일부 편협하거나 외국인 혐오 성향을 보이는 지도자들이, 팬데믹을 다른 지역에 사는 사람들과 뒤섞이게 될 때 사람들의 운명이 어떻게 되는지 보여주는 증거라고 내세웠기 때문입니다. 확신하건대 일부 지도자는 새로이 시작된 국경 봉쇄 규정을 팬데믹이 끝난 후에도 계속해서 시행하려 할 것입니다.

물론 불평등도 심화될 것입니다. 최근 수십 년간 불평등은 급증해 왔습니다. 그리고 이번 팬데믹의 영향이 균등하지 않을 테니 더 빈곤한 지역 사회에는 훨씬 더 확연하게 치명적인 영향을 끼칠 것이고, 이런 트렌드는 국가 간 불평등 면에서도 국내의 불평등 면에서도 더욱 악화될 것입니다. 또한 단기적으로나 중기적으로도 꽤 우려되는 결과들이 잠재되어 있습니다.

모두가 익히 알던 경쟁이란 측면에서 21세기에 우리를 기다리던 것은 중국 모델에서 신봉하는 독재적 자본주의와, 한때는 미국 모델에서 신봉되었다고 생각한 민주주의 모델이었습니다. 미국에는 여전히 민주주의가 있지만 어떤 점에서는 확실히 너덜너덜해져 버리고 말았습니다. 주변적인 것이 아니라 핵심적인 면에서 말이죠. 그러니 지금은 캐나다 모델을 놓고 이야기하기로 합시다. 각 통치 모델이 국민에게 무엇을 제공하는지 사람들이 이해하고 있는 수준에 어떤 영향을 미치는지를 놓고 볼 때 이번 팬데믹은 복잡한 양상을 띠고 있습니다.

팬데믹 초기에 중국의 대처는 지독히 잘못되었습니다. 우한과 그 주변에서 벌어지던 일에 대해 경고하려 애쓴 의사와 보건 전문가를 체포했죠. 정보를 있는 그대로 편안히 공유할 수 없는 곳에서 독재 통치가 이루어진다면 얼마나 위험한가를 깨우쳐준 공포 문화였습니다. 물론 그때의 은폐로 초래된 손실을 이제는 전 세계가 깨닫고 있습니다. 그토록 많은 다른 나라가 마땅히 그랬어야 할 만큼 신속히 대비를 시작하지 못했던 건 어느 정도는 중국이 완전히 투명하지 못했기 때문이었습니다.

물론 미국 모델은 이번 팬데믹을 상의하달식으로 처리한다는 면에서 지독한 재앙에 가까웠습니다. 하지만 민주주의 모델 자체에 내재한 성질 때문이라기보다는 많은 부분이 현재 미국을 이끄는 특정 지도자의 역량에서 비롯된 일이었죠. 우리에게는 과학을 존중하지 않고 행정부 내의 전문가들을 숨은 권력자라고 조롱하는 대통령이 있습니다. 자유 언론의 유용성을 실제로 인정하지 않고, 글로벌 공조와 국제기구를 못마땅해하는 데다가 사실상 거의 적대적이기까지 합니다. 이런 자질은 민주주의에 반드시 수반되는 것이 아닙니다. 현 대통령의 자질일 뿐입니다.

아시다시피 뉴질랜드, 한국, 대만, 독일, 그밖

의 여러 민주국가가 팬데믹에서 가장 뛰어난 성과를 발휘하면서 과학에 근거한 정책 결정, 투명성, 민주적인 책임의 유용성을 드러내 보이고 있습니다. 뉴질랜드의 저신다 아던 총리는 매일 자국민에게 아주 솔직하게 브리핑합니다. 독일의 앙겔라 메르켈 총리도 같은 일을 매우 침착하게 해내고 있습니다. 두 분 모두 민주주의만이 해낼 수 있는 방식으로 국가 공동체를 이끌며 맞서나가고 있습니다. 21세기에 어떤 모델이 부상할지는 특정 지도자가 내리는 특정 의사 결정에 따라서, 또는 그런 결정이 국민의 생사 문제를 처리하는 데 어느 쪽이 더 효과적인지 다수 대중에게 남기는 인상에 따라서 좌우될 것입니다.

반자유주의 지도자들이 비상사태를 선포했는데요, 그중 일부 조치가 팬데믹 상황에 필요했다는 건 단기적으로 볼 때 틀림없는 사실입니다만 일부는 기회를 틈탄 조치였습니다. 헝가리의 빅토르 오르반 총리 같은 지도자는 비상사태를 무기한으로 선포해서 종신 집권을 꾀할 것입니다. 그와 동시에 반자유주의 지도자들은 위기를 틈타 권력을 중앙 집중화하여 이를 움켜쥐려 하고 있습니다. 이들은 위기가 앞으로도 아주 오래 지속되기를 바라고 있죠. 아울러 시민 사회 수준에서는 테크놀로지를 이용해 시위를 조직하고 재창조하는 방식이 기발해지는 것을 보게 될 겁니다. 지난 2년여 동안 국제 정치의 윤곽을 드러내 왔던 시위들에서처럼요. 필요는 발명의 어머니고, 사람들은 자국 정부에 책임을 묻는 새로운 방법을 배우고 있습니다.

마지막으로는 국제기구에 관해 이야기해 보겠습니다. 국제기구는 교착 상태에 빠질 가능성이 커졌습니다. 예를 들어 미국과 중국이 UN안보리에서 공조를 배울 수 없다고 한다면요. 글로벌 공조의 필요성과 비상 대비, 자원 공동 관리, 지금 같은 때에 가장 취약한 사람들을 보살필 사회 연대 기금 조성, 이런 일에 훨씬 더 많은 투자가 이루어질 필요성을 지금보다 더 잘 보여주는 위기는 제 평생 없었습니다. 개별 국가에서도 가장 취약한 사람들이 최우선이지만 전 세계적으로도 또한 그렇습니다. 중기적으로 볼 때 미국에서 경제를 정상 상태로 되돌릴 수 있는가는 방글라데시, 인도, 아프리카 사하라 사막 이남에서 공급망이 제대로 작동되는지에 좌우될 테니까요. 그리고 미국 이민자 2세대의 나이지리아, 소말리아, 인도에 있는 가족과의 유대 관계에 따라서도요. 우리가 이런 식으로 연결되어 있지 않았던 시절인 과거 18세기로 되돌아가 살기를 도널드 트럼프 대통령이 바란다고 해서 이런 가족 관계가 사라져 버리는 건 아닙니다.

개발도상국과 전 세계의 취약한 지역 사회에 주의를 기울이지 않는다면 앞으로 완전한 경제 회복 비슷한 뭐라도 도모하는 데 애를 먹을 겁니다. 특히 경제 일선에서는요. 이번 팬데믹은 자급자족과는 거리가 먼 나라나 이런 성격의 위기에 대처할 인프라를 갖추지 못한 나라에 조금이라도 주의를 기울이기 위해서, 국제 기구의 집단 행동 문제를 해결해서 각국이 조금씩 양보할 필요성을 엄연히 상기시키는 역할을 할 겁니다.

러디어드 그리피스

WHO를 어떻게 생각하시나요? WHO가 내린 결정에 대해서도 그렇지만, 중국이 이 중요한 조직에 과도하게 영향력을 행사해서 자기들의 편협한 이해관계를 관철해 왔다는 인식 때문에도 WHO가 열띤 논쟁의 핵심이 되어버렸는데요.

서맨사 파워

제 생각에는 우선적으로 WHO가 정부 대표들로 운영되는 국제기구라는 점을 잊지 말아야 합니다. 어느 정도는 사람들도 이 사실을 알고 있다고 생각합니다. 그런데도 지금 같은 때에는 국가 단위의 힘을 초월하는 지휘 권력이 있었더라면 하는 바람이 있죠. 하지만 WHO는 194개 회원국으로 구성된 조직입니다. 물론 트럼프 시대의 미국은 대부분의 국제기구, 특히 WHO를 탈퇴해 버렸습니다. 전혀 놀랄 일은 아닙니다. 트럼프 행정부가 과학을 보는 관점이나 국제기구를 대하는 전반적인 태도가 반영되었을 뿐이니까요. 제 생각에 트럼프 대통령은 이들 국제기구가 미국의 돈을 뜯어내고 있고, 미국이 얻는 것보다 주는 게 더 많다고 보는 것 같습니다. 이런 국제기구가 있다는 게 얼마나 중요한지를 사람들이 실감하는 건 팬데믹 기간 동안만입니다.

미국이 제때 회비를 내지 않고, WHO 이사회 의석을 공석으로 비워두고, 트럼프 대통령의 연설 내용을 그대로 흉내 내기만 하는 공공 보건 전문가들을 계속 WHO에 보냈기 때문에 민주주의 국가들이 WHO 내에서 영향력을 잃고 있다는 걸 말해 두겠습니다. WHO가 코로나 바이러스가 대재앙이 될 가능성을 초기에 이야기하지 못했던 이유는, 1월 말에 전 세계적 비상사태라고 선언하긴 했지만요, WHO가 중국에 접촉 기회를 허가받으려 노력 중이었기 때문입니다. 이상적인 세계에서라면 미국뿐 아니라 캐나다, 유럽 국가, 한국, 일본, 모든 민주 국가가 함께 그런 접근을 요구했어야 했겠지요. 하지만 우리 민주 국가들이 더 이상 한 팀으로 협력하지 않다 보니 공백이 생겼고, 중국은 그 자리를 채울 준비가 완벽히 되어 있었습니다. 국제 시스템에서 맞닥뜨렸던 모든 공백을 채우고자 미국이 늘 노력했던 것처럼요.

하지만 자금 지원을 중단하기 전까지 미국은 WHO 예산 중 20퍼센트를 부담했습니다. 중국은 2퍼센트였죠. WHO를 운영하는 기술관료들과 공무원들이 더 솔직해지도록 미국은 영향력을 행사하거나 압력을 가하지 않았습니다. 그랬던 만큼 이 실패는 우리 미국의 책임입니다. WHO가 접촉 기회를 모색하고 있던 때에 예산의 2퍼센트만 부담하는 중국이 이를 방해하도록 허용한 나머지 모든 WHO 회원국의 책임이기도 합니다.

처음 몇 주 동안 WHO는 중국에 잘해 주면서 아주 정중한 태도로 기회를 엿본다면 형편이 나아질 거라고 생각했습니다. 하지만 독재 국가를 대할 때는 상대방이 제 방식대로 끌고 나가도록 주도권을 내주어서는 절대 안 됩니다.

러디어드 그리피스

집단 안보에 대해 조금 더 이야기해 주셨으면 합니다. 서맨사 씨는 버락 오바마 대통령의 지명으로 미국의 NSC 보좌관으로 활동하셨지요. UN주재 미국 대사로 계시면서 이라크 문제에도 관여하셨고요. 이번 팬데믹은 미국이 국가 안보를 추진해 나갈 방식에 얼마나 변화를 가져올까요? 일부에서는 민족 국가가 다시 힘을 발휘하는 순간으로 상정하고 있습니다만, 이번 위기 이전 수십 년 동안 어쩌면 민족 국가는 시들해져가고, 글로벌화의 위력으로 민족 국가의 중요성도 줄어들고 있으며, 다자간 기구를 통해 이해관계를 찾는 편이 민족 국가에게 더 나은 선택이라고 생각하는 시기가 있었다는 점에서 보면 다소 흥미롭습니다. 그같은 구상은 이제는 다방면으로 시험대에 올라 있는 듯합니다. 팬데믹 이후에 그런 민족 국가들이 새로 주도권을 갖게 될까요?

저는 글로벌 협력 강화의 중요성에 진정한 신념을 지닌 미국 대통령 정권 때 UN에서 일하는 영예를 누렸습니다. 예를 들어 이란 핵 협상, 파리 기후변화협약, 서아프리카에서 아주 강력했던 에볼라 바이러스 대처에 미국이 도움을 주는 데에 애를 썼습니다. 그런 입장에서 제가 할 수 있는 말은 민족 국가는 절대로 사라지지 않았다는 겁니다. 오바마 대통령 임기 동안에도요.

파리 기후협약이 어떻게 성사되었는지 살펴보겠습니다. 미국과 중국이 먼저 양자간 합의를 이루어서 협약의 핵심축을 이루었습니다. 그다음으로 유럽 국가, 그다음으로 작은 도서 국가들이 참여했고, 다 함께 UN사무국에 많은 부분을 지원받아가면서 회의적인 태도를 가질 만한 여러 나라를 가려냈습니다. 특히 인도는 마지막까지도 가장 비껴나 있던 나라였습니다. 실제로 민족 국가는 사라지지 않을 겁니다. 게다가 이번 팬데믹으로 국민의 건강과 생명을 지키는 역량이 정부에 있다는 사실이 분명히 드러났습니다. 러디어드 씨가 완전히 제대로 짚어 주신 대로입니다. WHO가 220만 개의 마스크와 장갑을 개발도상국가에 지원한 것도 사실입니다. 하지만 개발도상국가의 정부가 귀중한 감염 예방용 개인보호장비를 제공하지 못했기 때문이었습니다.

제 요지는 간단합니다. 이번 팬데믹으로 국제기구의 작동 방식에 늘 존재해왔던 중요한 사실이 드러났습니다. 국제기구를 구성하는 건 각국 정부, 당연한 얘기지만 특히 힘 있는 정부라는 겁니다. 국제기구가 기준을 설정하고, 설정한 기준을 충족시키지 못하는 국가에 책임을 묻고, 자체 역량이 부족한 가난하고 취약한 개발도상국가에 공공재를 지원하는 일에 효과를 거둘 수 있을지 힘 있는 정부들이 좌우합니다.

이런 질문을 하셨죠. 팬데믹 이후에는 어떨 거 같냐고요. 먼지가 걷히고 나면요? 제 생각엔 성향에 따라 이 위기를 바라보는 시각이 많이 다를 거 같습니다. 도널드 트럼프 대통령과 스티븐

밀러 백악관 선임보좌관이라면 이 위기를 보고 글로벌 시스템에서 훨씬 더 멀리 벗어나야만 한다고 말할 겁니다. 와해에 취약한 나라에서 공급망을 철수해야 한다고요. 우리는 미국이라는 단 하나의 브랜드에만 의지해야 한다고 하겠지요. 이때 미국은 앞서 얘기했던 가족과의 유대 같은 건 있지도 않은 균질한 19세기 단일 민족 국가로서의 미국입니다. 그것도 이 위기를 바라보는 한 방법일 테지요. 하지만 글로벌 팬데믹의 본질, 글로벌 테러리즘의 본질, 글로벌 기후변화의 본질을 다시 살펴본다면 다른 나라와의 공조 수단 없이는 이런 문제 중 어느 하나라도 특정 국가가 해결할 방도가 없다는 게 제 생각입니다.

공공재 제공과 관련해서는 수많은 관계자가 민족 국가의 경계를 뛰어넘어 잘해나갈 겁니다. 예를 들어, 우리가 백신을 확보하는 속도를 높일 수 있을지에 대해, 게이츠 재단은 UN의 대부분의 국가만큼이나 큰 관련이 있을 것입니다. 하지만 글로벌 차원의 대응에서 빠져 버린 미국 같은 민족 국가를 볼 때 이번 팬데믹은 더 오래 지속될 것이고, 우리가 속해 있는 제1세계의 경제가 처한 어려움도 더 오래 지속될 것입니다. 개발도상국가가 이번 팬데믹으로 받는 충격은 현재의 예측이 추정하는 것보다 훨씬 더 클 테니까요.

러디어드 그리피스

이번 팬데믹과 관련해서 서맨사 씨의 밤잠을 설치게 할 만큼 가장 시급한 국가 안보 이슈를 세 가지 꼽아 본다면 무엇일까요?

서맨사 파워

당장 모든 사람의 마음속을 들여다볼 수 있다면 우리의 밤잠을 설치게 하는 으스스한 최후의 심판 시나리오를 겨뤄보는 경연 대회를 열 수 있을지도 모릅니다. 제 집에서만, 아니면 제 주변 사람들에게서만 불면증이 특별히 더 활개를 칠 거라고는 생각지 않습니다. 하지만 저는 미국-중국 관계 악화를 첫 번째로 꼽고 싶습니다. 다시 말해 두지만, 이건 새로운 생각이 아닙니다.

중국은, 미국이 이 바이러스에 책임이 있다는 거짓 주장을 내세워 음모론을 만들어서 전례 없는 규모로 거짓 정보를 퍼뜨리고 있습니다. 트럼프 대통령은 초기부터 코로나19에 '우한 바이러스'란 이름을 붙여 써야 한다고 고집을 피우느라 이번 팬데믹에 대한 결속을 다지려 모인 G7 공동 성명에 동의를 거부할 정도였습니다. 이런 과장된 표현 때문에 이 나라에서는, 이를테면 아시아계 미국인에 대한 위협이 커지고 있습니다. 폭력이나 다른 형태의 아주 심각한 괴롭힘 등이 발생하고 있죠.

민주당과 공화당이 한목소리로 중국이 이번 팬데믹에 초기에 잘못 대처했다고 마땅한 지적을 하고 있고, 또한 시진핑 주석이 취한 조치가 중국인들 사이에 민족주의와 반외국인 정서와 반미 감정을 불러일으켰다는 점에 대해 몹시 방어적인 태도를 취하며 화를 내고 있습니다. 다시 말하지만 이 모든 것이 거론될 필요성에 대해서는 누구나 동의할 겁니다. 위구르족 대규모 감금과 불공정한 통화 관행이 거론되어야 하는 것과 마찬가지죠. 하지만 미국-중국 관계에서 공조는 여전히 필요합니다. 이 공조의 범위에는 기후변화 같은 이슈가 있습니다. 중국이 세계 최대 탄소 배출국이고 일대일로 구상(중국과 동남아시아·중앙아시아·아프리카·유럽을 연결해 경제권을 형성하는 중국의 전략-옮긴이)의 일환으로 계속해서 석탄 공장을 건설하고 있는 상황에서 미국이 파리 협약에 다시 참여하게 된다면 곧바로 이 협약의 후속안을 어떻게 협상할지 함께 궁리해야 할 테니까요. 글로벌 보건 관련 이슈에 대해서도 공조를 지속해 나가야 할 겁니다.

우리 미국은 시계를 거꾸로 돌릴 수도, 중국과 절연할 수도 없을 것입니다. 중국은 미국 부채의 큰 부분을 차지하고 있으니까요. 그러니 지금처럼 상대방을 악마로 몰아가는 입장이 심화될수록 절대적으로 필요한 중국의 규정 위반, 탄압, 이번 팬데믹에서 보여준 은폐 등에 책임을 묻는 동시에 공존해야 하는 협력의 여지가 줄어들 것이 걱정입니다. 이 두 가지를 동시에 해내지 못한다면 우리의 국가 안보가 위태로워집니다. 이번이 적기일지도 모릅니다만, 더 깊고 복잡한 역학 관계가 작동 중이다 보니 유사 냉전에 잠재된 노골적인 적대감과 대치 전선이 상당히 오랜 기간 지속될 수도 있겠다는 생각도 듭니다.

두 번째로는, 호된 시련을 겪은 개발도상국가가 안보 수단을 갖출 것이고, 미국의 국가 안보에도 연쇄 효과를 가져올 거라고 말씀드리고 싶습니다. 제 생각에 최선의 예측치는 지난주 런던에서 영국 황실이 냈던 대로 아프리카에서 30만 명의 사망자가 나오는 겁니다. 최악의 예측치는 3300만 명의 사망자가 나오는 겁니다. 개인적으로나 집단적으로나 지금 행동을 바꾼다면 이런 예측 곡선을 완만하게 할 수 있고, 최악의 시나리오가 펼쳐지는 걸 막을 수도 있습니다. 하지만 개발도상국에서나 인도나 방글라데시처럼 조금 더 선진국으로 다가선 국가 내 취약 지역에서 입게 될 경제적 피해는 안보나 안정성에 크게 타격을 입힐 것입니다.

이미 케냐에서는 나이로비에 바로 인접한 외곽의 일부 혼잡한 슬럼가에서 식량 부족 문제로 폭동이 벌어졌죠. 경제 위기가 안보에 몰고 오는 파문은 우리가 평생 겪어본 적 없는, 단언컨대 전 세계가 대공황 이후로는 겪어본 적이 없는 그런 종류입니다. 이는 세계 모든 곳에 연쇄적으로 영향을 미칠 겁니다.

현재 WFP(세계식량기구) 발표에 따르면 2억 6500만 명이 심각한 영양실조에 걸린 상태입니다. 그다음 벌어질 일은 부족한 자원을 두고 싸움이 붙는 거겠지요. 군인이나 경찰이 굶주려 있다 보니 사회 안정화를 돕기보다는 그들조차 시위대의 일부가 되어 버립니다. UN을 통해, 평화유지군을 통해, 그 밖에도 도움의 손길을 내밀기 위한 다른 수단을 통해, 활동에 나설 수 있는 우리 같은 선진국이 당장 눈앞에 닥친 자국의 위기에만 집중하느라 앞날을 대비하지 않습니다. 경제 폭락, 정치 붕괴, 안보 붕괴로 이득을 보는 사람들은 결국에는 강경파입니다. 그들은 테러리스트나 기타 극단주의자의 모습을 하고 나타날 겁니다. 그런 조건에서라면 약탈자가 누구든, 그것과는 상관없이 국지적으로나 전 세계적으로나 안정에는 결코 도움이 되지 않습니다.

러디어드 그리피스

그렇다면 UN은 어떻게 해야 코로나19 같은 미래의 전 세계적 위기에 효과적으로 대처할 수 있게 될까요? 지난 6~7주 동안 UN이 일종의 실종 상태였다고 한다면 제가 잘못 알고 있는 걸까요?

서맨사 파워

글쎄요, 같은 말을 여러 번 되풀이하고 싶지는 않지만 UN은 여러 나라들로 구성된 다자간 협의체입니다. UN에서 가장 힘센 두 나라는 미국과 중국입니다. 미국은 국제적인 리더십에서 완전히 무단이탈 중입니다. 설사 이탈하지 않고 주도권을 잡으려 나섰다고 한들 팬데믹 상황에서 미국이 현재 유일하게 선두에 있는 건 사망자 수 정도네요. 이건 여러 나라가 기대하는 그런 리더십이 아닙니다. 반면 중국은 코로나 이슈가 UN안보리에 상정되는 것조차 받아들이려 하지 않습니다. 국제 평화와 안보에 위협이 될 거라고 우기면서 버티고 있는 상황입니다. 중국은 자국의 평판을 지나치게 방어하느라 안보리가 조치를 취하지 못하도록 막았습니다.

사실 안토니우 구테헤스 UN사무총장은 포르투갈 총리를 역임한 바 있고, 국제 정치에도 밝은 분입니다. 하지만 UN안보리의 다섯 개 상임이사국 중 세 나라가 도널드 트럼프, 시진핑 주석, 블라디미르 푸틴이라니, 손에 쥔 패를 보면 정말 운도 없죠. 사무총장은 안건을 상정하려 최선을 다했습니다. 글로벌 휴전을 요구했고, 70개국 이상이 이 구상안을 수용했습니다. 하지만 지금까지도 UN안보리는 미국과 러시아의 반대에 부딪혀서 이 안의 승인을 거부하고 있습니다. 최근 100년 이래 가장 치명적인 팬데믹에 맞서 모두가 힘을 모아 싸우고 있어야 할 시기에 정말

부끄러운 일입니다.

또한 구테헤스 사무총장은 이번 팬데믹으로 외부로부터의 인도주의 원조를 받지 못하게 되어 극심한 고통을 겪고 있는 국가들에 대해 제재 완화를 제청했습니다. 베네수엘라, 이란, 짐바브웨 같은 나라들입니다. 이 제청 또한 대부분 무시당했습니다. 주로 미국 때문이었는데요, 미국은 이란에 제재를 확대하는 데에 이해관계가 걸려 있습니다.

UN이 한물갔다고 말이야 쉽게 할 수 있지요, 하지만 조직을 새로 출범한다 한들, 미국과 중국이 전 세계에서 가장 강력한 두 나라라는 현실에서 벗어나게 될까요? 전 세계가 어떤 위협에 대비해 정치적으로 집결하거나 자원을 공급하는 정도를, 이 두 나라가 좌지우지할 겁니다. 이들이 UN이라는 이름의 건물에서 일하고 있든, 아니면 '21세기의 중심21st Century Central'이라는 이름의 건물에서 일하고 있든, 그와는 아무 상관없는 일입니다. 유명 외교관이었던 리처드 홀브

룩은 이런 말을 했지요. 어떤 위기에 대해 유엔을 비난하는 건 뉴욕 닉스 농구팀 경기가 형편없었다고 메디슨 스퀘어 가든 농구장을 비난하는 거나 마찬가지라고요. 어떤 면에서는 사람들이 건물을 비난하고 있는 셈입니다.

사무총장이 솔직하지 못했다는 점에서만큼은 WHO가 책임을 질 필요가 있다고 생각합니다. 그는 기탄없는 태도를 보였어야 마땅합니다. 하지만 WHO 사무총장의 책임이나 영향력이나 정보수집 능력을 미국 대통령이나 미국 정보국과 비교해 보면 하늘과 땅 차이죠. 그러니 좀 더 건설적으로 생각하면 앞으로 필요한 대응은, 어떻게 하면 시대를 거스를 수 없다는 걸 자각하고 국제기구가 21세기에 걸맞도록 좀 더 기민하게 활동해야 한다고 인정하는, 지금과는 다른 대통령을 갖게 될 것인가겠죠. 회원국들 스스로가 이들 국제기구의 규정을 정하는 주체입니다. 그러니 국제 보건 지침이 WHO를 변화시킬 겁니다. 대열에 서 있는 건 미국의 협상가들, 캐나다의 협상가들, 중국의 협상가들이 될 것입니다. 바라건대 연합체의 일부로서 세계의 민주 국가들이 결집하여 함께 행동한다면 더 훌륭히 임무를 완수할 수 있을 겁니다. 중국의 영향력이 크다 보니 민주국가에 얼마나 큰 힘이 있는지, 또 트럼프 대통령이 널리 퍼뜨린 이같은 아귀다툼, 각자도생 방식으로부터만 벗어난다면 국제기구 내에서도 얼마나 강력한 힘을 발휘할 수 있는지 쉽게 잊는 것 같습니다.

러디어드 그리피스

감사합니다, 파워 대사님. 이번 대담에서 대단히 낙관적이면서도 실행 가능한 통찰을 얻었습니다. 다시 한번 국제기구와 국제 정세에 폭넓은 경험과 식견을 두루 갖춘 분을 모시게 되어 대단히 즐거운 시간이었습니다.

NIALL FERGUSON

니얼 퍼거슨과의 대화

러디어드 그리피스

안녕하세요, 멍크 다이얼로그에 오신 걸 환영합니다. 처음부터 이 대담의 목적은 뉴스의 빠른 주기에서 한 걸음 물러서서, 이번 위기에 대해 알려주는 그날그날의 요약 정보에서 벗어나 장기적인 관점에서 큰 그림을 제대로 그려보는 것입니다. 오늘 밤 정말 운 좋게도 니얼 퍼거슨 씨와 함께하게 되었습니다. 이분은 세계 최고의 지성이자 가장 명민한 사상가 중 한 분이시죠. 현재 후버연구소의 선임 연구원, 15권 이상 베스트셀러를 낸 저자, 〈런던 선데이타임스〉와 〈보스턴글로브〉의 칼럼니스트로 활동 중입니다.

니얼 씨, 현대 21세기 사회가 이번 팬데믹에 대처하는 방식에 대해 어떻게 생각하십니까? 최근에 쓰신 것처럼, 그리고 잘 아시다시피 팬데믹은 인류 역사상 새로운 사건이 아닙니다. 팬데믹은 사람들이 사회를 구성하는 방식에 따라오는 장대한 결과에도, 사람들이 헌신하는 목적의식에도 과거부터 있어 왔습니다. 현재 우리의 대응을 과거의 대규모 팬데믹에서 나타났던 대응과 비교해 보면 광범위한 대규모 사회 변화라는 측면에서 어떤 차이가 있다고 보십니까?

니얼 퍼거슨

저는 역사학자입니다. 역사학자는 대개 공공 정책 논의에서 배제되어 왔습니다. 불행한 일이죠. 제 생각에 사실상 역사는 많은 사건을 올바르게 이해해 왔거든요. 심각한 결함이 있었다고 밝혀진 감염병학 모델보다는 훨씬 잘 이해해 왔을 겁니다.

역사가 우리에게 줄 수 있는 가장 분명한 통

찰은 팬데믹이 재난의 범주에 속해 있다는 겁니다. 지진이나 인간이 만든 또 다른 재난인 전쟁과 같은 범주죠. 이런 재난은 규모도 극적으로 다르고 아주 불규칙한 주기로 나타나서 예측이 몹시 어렵습니다. 팬데믹에 평균이란 없습니다. 추정컨대 인류의 약 3분의 1이 실제로 몰살된 팬데믹이 역사상 두 차례 있었습니다. 그중 하나가 로마 제국 시대의 유스티니아누스 페스트고, 다른 하나는 물론 14세기 중반의 흑사병이었습니다. 대참사 정도까지는 가지 않았어도 정말 정말 거대한 대규모 팬데믹이 몇 번 더 있었습니다. 그중 가장 최근이 100년 전 1918~1919년의 유행성 독감이었지요. 그때 세계 인구의 3퍼센트가량이 사망했습니다.

2020년 1월을 되돌아보면 우리는 코로나19에 대해 거의 아는 게 없었습니다. 들어 보셨을지 모르겠지만 저는 이렇게 말했습니다. "이봐요, 우린 잘 알지 못합니다. 하지만 그야말로 대참사가 될 위험성이 있으니 최대한 긴급하게 조치를 취해야만 합니다." 1340년대는 말할 것도 없고 1918~1919년의 일을 재현하고 싶지는 않으니까요.

확실히 저한테만큼은 이번 일이 1918~1919년의 재현은 아닙니다. 1340년대의 재현은 더더욱 아니고요. 질병만 놓고 봤을 때는 동급이 아니니까요. 1957~1958년의 독감 팬데믹과 아마 더 비슷할 겁니다. 전염성이나 예상되는 사망률을 본다면요. 이건 아주 중요한 비교 지점입니다. 그때의 팬데믹을 돌이켜보면, 이 세계가 얼마나 다르게 대응했는지가 정말 놀랍습니다. 당시에는 경제적 락다운이 없었습니다. 최소한의 봉쇄 조치도 없었죠, 미국의 학교에서도요. 팬데믹에서 거의 항상 그랬던 것처럼 당시에도 상당수의 초과 사망excess death이 있었습니다. 당시에도 대유행이 있었습니다. 1957~1958년 팬데믹의 경제적 영향이나 실제 정치적인 영향은 오늘날 우리가 지켜보는 것과 비교하면 아주 아주 소소했습니다. 그때의 전염병 발생을 기억하고 있는 세대의 말에 귀를 기울여 보면, 과거 세대는 2020년 우리의 대응이 1950년대 세대의 대응보다 훨씬 더 극단적이면서 실제로 경제를 파괴해버린 이유를 몰라서 아마 머리를 긁적이며 궁금해할 겁니다. 솔직히 당시 팬데믹을 대하는 태도는 할 일을 하고 나서 살아남기만 바랄 뿐이었습니다. 이런 종류의 공중 보건 비상사태를 대하는 우리의 태도는 정말이지 급격히 바뀌었습니다. 아이젠하워 대통령 시대를 살았던 사람들은 이해할 수 없을 게 분명합니다.

러디어드 그리피스

그렇다면 지금의 대응은 왜 이토록 다른 건가요? 위험을 대하는 태도가 달라진 겁니까? 긍정적으로 보자면 인간의 생명에 가치를 두는 태도가 달라진 걸까요? 사람들의 생명에 위협이 되고, 사회에서 가장 힘없고 취약한 수만 명을 죽음으로 내몰고 있는 정도에서, 이번 팬데믹으로 인한 손실에 대해 생각하는 방식이 달라진 걸까요?

음, 적절한 질문이란 생각이 드는군요. 대공황과 제2차 세계대전을 직접 겪고, 한국 전쟁에서 막 빠져나왔던 세대가 죽음을 대하는 태도에 있어 다소간 더 냉철했다는 사실이 있는데, 이것이 다소 가볍게 여겨지는 것 같습니다. 확실히 죽음을 대하는 태도에서 사람들이 훨씬 더 거리를 두게 되었습니다. 하지만 실제로는 죽음과 아주 아주 이상한 관계를 맺다 보니 죽음을 거의 부인하는 수준에 이르렀습니다. 저는 이번 팬데믹 초기에 일부 사람들이 사망자 수 제로가 어느 정도 달성 가능한 목표라도 되는 듯 이야기하는 것을 들었습니다. 자기가 사는 나라에서 평소 일주일에 얼마나 많은 사람이 죽는지 아는 사람이 거의 없는 게 분명합니다.

대부분의 사람이, 의료직에서 일하지 않는 경우라면요, 아주 가까운 누군가가 죽을 때 말고는 죽음에 노출되지 않습니다. 죽음을 대하는 태도가 바뀐 것은 일부 이 때문이라고 생각합니다. 1950년대 세대는 여전히 엄청나게 많은 종류의 질병과 힘겹게 싸우고 있었습니다. 예를 들어 소아마비가 있었습니다. 당시 세대는 초과 사망을 인생의 복불복 정도로 받아들이고 할아버지 세대가 기억하고 있는 1918~1919년 팬데믹만큼 심하지 않기만을 바랐던 거죠.

하지만 제 생각에는 아마 더 심원한 어떤 일이 여기에 계속 이어지고 있습니다. 영국과 미국, 캐나다에서 벌어진 일들 일부가 저를 우울하게 하는 건 팬데믹 초기에 다들 별일 아닌 듯 행동했다는 점입니다. 저는 사람들에게 이것이 이를테면 양당제의 태평함이었다는 걸 주의하라고 깨우쳐 드리고 싶습니다. 사실상 진보 매체에 있는 많은 사람이 코로나19가 북아메리카에 위협이 된다는 생각을 쉽게 무시해 버렸으니까요.

충격적인 일이었습니다. 저는 이 주제에 관해 글을 쓰고 있었어요. 제가 맞게 기억하고 있는 거라면 1월 22일이었습니다. 코로나가 진짜 큰 재난이 될 가능성과 이 세상이 이보다 더 상호 연결된 적이 없었다는 점을 고려해야 한다고 사람들에게 알리려 했습니다. 20세기에도 유행성 독감은 아주 빠르게 이동했지만 1918년만 해도 배boat로 전파된 거였습니다. 2020년에는 놀랄 만큼 빠른 속도로 항공기로 전파됐습니다. 충분한 연구 자료가 있습니다. 예를 들어 래리 브릴리언트 박사는 팬데믹이 과거 그 어느 때보다도 훨씬 더 빠르게 일어날 거라고 여러 차례 경고했습니다. 우리가 훨씬 더 많이 상호 연결되어 있다는 걸 이유로 들었죠. 하지만 그런 지식이 있고 서류상으로는 우리 정부가 소위 생화학무기 방어 전략이라는 정교한 계획을 수립해 두었는데도 불구하고, 영국이나 미국 같은 일부 주요 영어권 국가에서 실제로는 우리 지도자와 관료와 정부에서 일하는 과학자가 몇 주 동안이나 미적대는 일이 벌어졌죠.

그러다가 3월 중순 단 하나의 감염병 역학 모델에 근거해서 모든 사람이 겁에 질렸고 태평하게 있다가 반대쪽 극단으로 몰려갔습니다. 바로 경제를 봉쇄해서 대규모의 자해를 감행하는 거였죠. 저는 사실 그때 받은 경제적 충격이 역사적으로 볼 때 팬데믹 자체보다 더 심각한 것으로 밝혀지지 않을까 생각합니다. 그러니 차이점은 죽음을 대하는 태도가 바뀌었다는 데에만 있는 게 아닙니다. 오히려 재빨리 대응하지 못하는 바람에 일을 그르쳤다는 데에 있습니다. 잘못된 중국으로부터 잘못된 정보를 습득했습니다. 우린 어떻게 이 질병이 잘 처리됐는지 알고 있습니다. 효과적으로 대처한 나라들이 있으니까요. 모든 나라 중에서 가장 잘 대처한 나라는 중화인민공화국이 아니었습니다. 중국은 이 재난을 초래한 당사자죠. 대만은 아주 재빠르게 대응한 나라였습니다. 거대한 이웃 나라로부터 흘러나온 거짓말을 믿지 않았고, 어렵사리 이 팬데믹을 억제해서 거의 사망자가 나오지 않았습니다.

그런데 우리는 그런 성공에는 거의 주의를 기울이지 않았습니다. 솔직히 저는 기가 죽었습니다. 팬데믹을 대비하는 비상 대책이 잘 준비되어 있다고 믿었던 나라가 완전한 기능 불량을 일으켰기 때문입니다. 그런 탓에 마치 아이젠하워 대통령이 복귀해서 이렇게 말할 것 같은 생각이 들었습니다. “연방 정부는 내가 대통령이었던 때보다 훨씬 엄청나게 커졌습니다. 그렇게 돈을 많이 쓰고 보건복지부에 여러 사람을 엄청나게 요란스러운 직함으로 채워 넣었는데, 이 사람들이 일을 완전히 망쳐버렸습니다. 왜 아무도 여기에 대해서 이야기하지 않습니까?” 정말 이상한 일입니다. 이 일에 대비되어 있는 줄 알았던 행정부의 핵심에서 정말로 뭐가 잘못 되었는지 아무것도 알려진 바가 없습니다.

러디어드 그리피스
이번 팬데믹에 대한 우리의 대응에서 비롯된 경제적 여파야말로 이번 코로나 발발에 대해 앞으로 쓰여질 역사에서 가장 중요한 부분일 거라고 지적해 주셨는데요.

그렇게 생각하신 이유와 이번 위기에 대한 경제적 대응이 이처럼 이례적이었기 때문에 나타나게 될 큰 트렌드 몇 가지를 쉽게 설명해 주시겠습니까?

니얼 퍼거슨

선진국 경제가 받은 충격은 일자리 파괴라는 점에서 2008~2009년 경제 위기의 충격보다도 상당히 크다는 게 이미 분명해졌죠. 실제로 미국 내 실업은 1929년의 월가 대폭락 직후보다도 빠르게 증가했다고 판명된 거나 다름없습니다. 아주 묘하게도 정책 결정자들은 이 일을 2008~2009년의 재판으로만 보고 자기들이 할 일이라고는 통화 부양과 재정 부양이라는 각본을 꺼내서 먼지를 털어내는 것뿐이고, 그러면 모든 게 다 잘 될 거라고 생각하나 본데요. 우리는 미국에서 연방준비제도가 이끄는 중앙은행의 대차대조표가 극적으로 팽창하는 것과 공공 부문의 적자가 엄청나게 확대되는 것을 지켜보았습니다. 코로나 바이러스 억제를 위해 도입하기로 결정한 락다운을 상쇄하려는 목적이었습니다.

이런 설명을 해볼까 합니다. 역사적인 재난

이 가져온 결과가 재난 자체보다도 더 커질 때가 있습니다. 이번 팬데믹이 큰 재난이라고 생각합니다만, 앞서 말했듯이 어마어마한 재난은 아닙니다. 이번 팬데믹을 잘못 처리한 결과로 빚어진 경제적 재난이 훨씬 더 크고 훨씬 더 극복하기 어려울 겁니다. 임시 미봉책들은 자극이 되지 못합니다. 현대 산업 역사에서 최고치의 공급 충격으로 고통을 겪었다는 사실에 보상 차원에서 내놓은 구호 활동일 뿐입니다. 이 경제는 더 오랫동안 지속되지는 못할 겁니다. 실제로 경제를 아주 오랫동안 멈춰 놓고서 락다운이 끝나자마자 곧바로 되살아날 거라고 기대할 수는 없습니다.

경제 대응책은 사람들이 여태 실감하는 것보다 훨씬 더 크고 더 많은 대가가 따르는 위험을 감수했습니다. 하지만 사람들은 V자형 회복을 이야기하면서 월가 주변을 맴돌고 있습니다. 제 생각에는 참으로 기이한 일입니다. 2009년에 V자형 회복을 이야기한 사람도 다름 아닌 그들이니까요. 그 당시에 붕괴 이전 수준으로 실업률이 회복되기까지는 몇 년이 걸렸습니다. 이번에 다시 회복하려면 얼마나 오랜 시간이 걸릴까요? 사람들이 생각하는 것보다 훨씬 더 오래 걸릴 겁니다. 평상시 서비스가 단순히 일시적으로 중단된 게 아니니까요.

이 대담 시리즈의 중심 주제로 돌아가 보죠. 팬데믹의 결과는 오랫동안 지속될 겁니다. 역사로부터 얻을 수 있는 커다란 시사점은 팬데믹이 4~5개월짜리 사건이 아니라 적어도 2년은 지속될 사건이라는 겁니다. 저는 미래의 역사가들이 이번 팬데믹을 기술하면서 이런 말을 할 거라고 생각합니다. "그래, 그건 꽤 지독한 팬데믹이었지. 1950년대 이후로 사람들이 겪었던 그 어떤 사건보다도 확실히 더 나쁜 일이었어. 하지만 바이러스를 억제한다고 글로벌 경제의 근간을 무너뜨리다니 도대체 무슨 생각이었던 거지?"

러디어드 그리피스

이 대담 시리즈에서 계속 다룬 주제가 정부의 대

응과 지정학적 힘의 균형, 특히 중국 대 세계의 힘의 균형이, 이번 위기의 결과로 앞으로 몇 달 또는 몇 년 동안 어떻게 이루어질지에 대한 우려였습니다. 이전의 팬데믹에 근거해서 보자면, 코로나19는 세계의 여러 지역에서 민주주의의 개념과 실제에 어떤 영향을 미치게 될까요?

니얼 퍼거슨

대규모 팬데믹이 정치적, 사회적, 경제적, 문화적 여파를 가져오리라는 건 분명합니다. 종국에 가서 어떻게 될지 파악하기는 조금 어렵습니다만 팬데믹이 민주주의에 필연적으로 악영향을 미칠 거라 생각할 이유는 없습니다. 오히려 1918년 직후에는 전 세계적으로 민주주의가 꽤 번성했습니다. 예를 들어 선거권이 확대되면서 민주주의 기반의 신생 국가들이 탄생했습니다. 물론 이런 분위기는 오래가지 못했습니다. 특히나 중앙 유럽에서는요. 하지만 팬데믹이 민주주의의 위기와 어떤 연관성이 있다고 쉽게 주장할 일은 아니라고 생각합니다.

아무튼 중국의 일당 독재 시스템이 우리의 엉망진창이 된 민주주의보다 팬데믹에 더 잘 대처했다고들 생각합니다. 중국 정부는 이런 인식을 강화하려 최선의 노력을 기울이고 있습니다. 이런 서사가 강력해진다면 그야말로 중대한 문제가 될 거라고 생각합니다.

제 이야기를 듣는 분들에게 간단하지만 분명히 상기시켜 드리고 싶은 한 가지 가장 중요한 점은, 이번 팬데믹은 중국의 일당 독재 정권이 가장 중요한 시기였던 몇 주간 우한에서 벌어진 공중 보건 비상사태를 숨기려고 거짓 선전을 일삼으며 음력 설날 연휴에 전 세계 타 지역으로의 여행을 계속 허용했기 때문에 벌어진 일입니다. 그러니까 팬데믹이 독재 체제에 좋은 홍보가 되리라고는 생각지 않습니다. 오히려 정반대죠. 제 생각에 팬데믹은 깊이 들여다볼수록 중국의 시스템에 병적인 측면이 많다는 점을 드러내 보였습니다. 소비에트 연방에서 이미 보았던 그런 병적인 측면은 체르노빌에서 다른 엄청난 재앙을 낳았었죠. 중국은 사건 발생 후에 서투르게 조처하고, 어물쩍거리다가 은폐하고, 더는 숨길 수 없게 되어서야 비로소 재난을 인정하는 유사한 과정을 겪었습니다.

자, 이 사실은 민주주의에 관해 무엇을 말해 줍니까? 일부 민주 국가들은 자국이 무슨 일을 하고 있는지 알고 있으며, 또한 이번 팬데믹에 가장 잘 대응하고 있는 몇 나라가 대만, 한국, 이스라엘이라는 겁니다. 심각한 안보 위협을 겪은 적이 있는 작은 민주주의 국가들이 잘 대처했습니다. 현실에 안주하거나 대비책을 갖추고 있다고 생각했던 민주주의 국가는 부진했습니다. 무엇이 잘못되었는지 조사해 보고 싶겠지만, 민주주의 국가에서처럼 언론의 자유가 보장되어야 조사가 가능하죠. 우한에서 무엇이 잘못되었는지는 결코 조사가 이루어지지 않을 겁니다. 중국 공산당은 자기들의 실패를 투명하게 조사할 수 없습니다. 그러니까 네, 제 생각에는 오히려, 팬데믹은 민주주의의 강점을 분명히 보여줍니다.

일부 민주 국가들은 자기들이 무슨 일을 하고 있는지 알았다는 것만으로도 그렇습니다. 유감스럽게도 우리 미국은 그러지 못했지만요.

러디어드 그리피스

감사합니다, 니얼 씨. 이 세계가 다음 팬데믹을 대비하고 있을 거란 조짐이 있다면, 그건 무엇일까요? 아니면 역사는 반복될 불운한 운명일까요? 우리는 지나간 과거가 가르쳐준 교훈을 배우게 될까요, 아니면 (마크 트웨인의 말처럼) 역사는 반복되지는 않더라도 기껏해야 각운을 맞추는 걸까요?

니얼 퍼거슨

글쎄요, 우리가 배울 수 있다는 걸 우리도 알고 있습니다. 이미 그렇게 해왔기 때문이죠. 적어도 몇몇 나라들은 배웠습니다. 흥미로운 건 적어도 사스의 위험성을 자각했던 나라들이 2020년에 가장 잘해낸 나라들이었고, 2009년에 오로지 신종인플루엔자와 돼지 독감에만 주의를 기울였던 나라들은 잘 해내지 못했습니다. 제 생각에는 영국과 미국에서 일을 그르친 건 전문가와 관료가 코로나 바이러스가 아니라 유행성 독감 팬데믹을 예상했기 때문입니다. 그들은 사스와 메르스의 교훈을 진정으로 이해하지 못했습니다. 분명한 교훈은 치명적이고 전염성이 있는 경우라면 믿을 수 없을 정도로 신속하게 행동을 취해야 한다는 거죠. 집단 면역이라는 빠른 경로에 의존할 수는 없습니다. 그렇게 하면 엄청나게 많은 사람을 죽음으로 내몰 수도 있습니다.

몇 세기 동안 우리가 팬데믹으로부터 배우려 애써왔다는 건 아주 분명한 사실이라고 생각합니다. 옛날 14세기 사람들은 페스트의 원인이 뭔지 아무것도 몰랐다는 사실을 떠올려 보세요. 과학자들이 병을 정말로 전염시키는 게 무엇인지 알아내기까지는 오랜 시간이 걸렸습니다. 어떤 면에서 팬데믹의 역사는 황열병이든 콜레라든 해를 끼치는 존재가 무엇인지를 과학자들이 밝혀낸 일종의 영웅담이라고 할 수 있습니다. 질병에 대처하는 데에 있어서 과학을 존중하게 되었으니 상당히 더 나아졌다는 것만큼은 의문의 여지가 없습니다.

과학이 실패한 게 아닙니다. 공공 정책 영역이 실패한 것입니다. 미국의 예를 들어 말해 볼게요. 우리 관료들은 2018년으로 거슬러 올라가면 36쪽짜리 생화학 공격에 대한 방어 계획을 갖추고 있었습니다. 이 계획은 막상 진가를 발휘해야 할 상황이 되자 쓸데없이 장황한 말잔치뿐인 것으로 판명되었습니다. 그러므로 우리가 배워야 할 교훈은 문제를 일으킨 바이러스나 병원균에 대한 것이 아닙니다. 행정국가라는 말이 아마 가장 잘 어울리는 나라였고, 화학적 공격 무기에 대비 전략을 수립했다고 알려져 있었지만 아무것도 없었다는 게 밝혀진 거만한 관료 국가에 잘못된 점이 있다는 걸 배워야 합니다. 그것이야말로 파헤쳐 봐야 할 일입니다.

러디어드 그리피스

이번 일이 분수령이 되어 사람들이 프라이버시를

조금 포기하면서 살아가는 데에 익숙해지고, 개인의 권리를 조금씩 양보하는 문화가 될 거라고 보십니까? 아니면 프라이버시나 개인의 권리를 더 지키려고 할 거라고 보십니까?

니얼 퍼거슨

음, 몇 가지가 있는데요. 전쟁이든 전염병이든 혹은 다른 재난이든 유사시에 국민은 긴급 조치가 있을 거라고 예상합니다. 그 조치는 일시적으로 자유를 제한하게 되겠지요. 여기에는 이동의 자유도 포함됩니다. 그건 새로운 일이 아닙니다. 사람들이 비상사태가 일시적이라는 걸 이해한다면 민주주의를 근본적으로 위협하지도 않습니다. 조금 더 걱정스러운 건 미국에서 보듯이 비상 통치권 행사를 중단하지 않아서 영구적으로 그 나라의 특성이 되어버리는 경우입니다. 미국인은 이 문제에 대해 더 깊이 생각해봐야만 합니다. 두 번째 이슈가 있는데요. 이번 위기에서는 테크놀로지 이슈입니다. 디지털 네트워크와 운송 네트워크, 이렇게 이중으로 엮인 세상에서 벌어진 팬데믹이니까요. 이런 종류의 전염병을 억제할 수 있는 아주 중요한 방법은 디지털 데이터를 이용해서 소셜네트워크 지도와 감염자들의 접촉 경로를 추적하는 것입니다. 코로나19에 대처하는 올바른 정책은 경로 추적에 따른 대규모 검사를 시행하는 겁니다. 이 일을 대만과 한국이 아주 잘해냈고, 적어도 영어권의 두 나라는 아주 잘못했습니다. 그렇다면 프라이버시를 상당 부분 침해하지 않더라도 이런 정책이 가능할까요?

미국에서는 다수가 걱정합니다. 대만이나 싱가포르 같은 나라에서 사용하는 그런 앱을 깔면 중국에서와 같은 감시 체제에 놓이는 거나 별반 다를 게 없지 않냐고요. 제 생각에 그건 오해입니다. 하지만 이해가 가는 오해죠. 페이스북, 구글, 그리고 어느 정도는 애플도 해당합니다만 이런 빅테크 기업이 사람들에게서 개인정보를 입수해 '자사' 데이터로 취급하는 방식 때문에 그렇습니다. 애플이나 구글이 접촉 경로 추적 앱에 힘을 모은다는 뉴스를 듣고서 사람들이 움츠러

드는 이유가 여기에 있다고 생각합니다.

대만은 이 이슈를 깊이 숙고해서 데이터가 공중 보건 목적으로 사용될 경우 프라이버시 보호가 유지되도록 확실히 해 두었습니다. 그런 데이터가 개인의 것이며 이런 종류의 비상사태가 발생한 경우를 제외하면 가능한 한 사생활을 보호받아야 한다는 생각이 그 바탕에 깔려 있습니다. 1월초 대만의 상황을 복기해 보면 타당한 모델이라고 생각합니다. 테크놀로지의 장점을 팽개쳐 버리고 싶지는 않을 테니까요. 아무런 접촉경로 추적도 하지 않고 직장에 복귀하려는 건, 기본적으로 미국이 이렇게 하고 있습니다만, 두 눈을 가린 채로 두더지잡기 게임을 하겠다는 거나 마찬가지입니다.

미국은 전 세계적으로 가장 거대한 테크 기업들을 보유한 나라라는 장점을 살렸어야 하는데, 결과적으로는 아무 장점도 없었지요. 테크 기업은 이 데이터를 공공 보건 목적에 사용할 수 있게 내주지 않았고, 정부는 데이터로 무엇을 해야 할지 전혀 몰랐으니까요. 우리의 개인정보를 내주지 않고서 테크놀로지를 최대한 활용하는 문제에 대해서는 해법이 있다고 생각합니다. 하지만 그러기 위해서는 빅테크 기업의 대대적인 개혁이 필요합니다. 그들을 근본적으로 바꾸어 놓지 않는다면 중국 공산당만큼이나 개인의 자유에 위협이 될 겁니다.

러디어드 그리피스

이번 멍크 다이얼로그에서는 러시아가 자주 등장하지 않았는데요. 러시아는 코로나19 이후 국제 정세와 무관할까요? 여기에서 러시아는 어떤 퍼즐 조각인가요? 러시아에 현재 코로나 발생 상황이 아주 안 좋은 거 같습니다만.

니얼 퍼거슨

맞습니다. 러시아는 강대국 중 하나인데, 발생 건수 증가세 곡선이 완만해지고 있는 거 같지 않습니다. 사실상 기하급수에 가깝게 증가하는 중이죠. 다른 많은 문제를 은폐한 것과 같은 식으로 이 문제도 어느 정도 은폐할 수 있다고 생각했을 푸틴 대통령 입장에서 보면 이번 위기는 진짜 위기입니다. 의사들이 공개적으로 발언을 하고 나면 사라졌습니다. 그게 푸틴 방식입니다.

하지만 팬데믹에서 좋은 점은 이것이 진실의 순간이라는 겁니다. 거짓말로 위기를 모면할 수 있다고 생각하는 모든 독재 정권에는 지금이 진실의 순간입니다. 바이러스는 그들의 거짓말을 듣지 않으니까요. 그러니 저에게는 세계의 어느 독재 정권이 이 위기 상황에서 가장 약화되는지 지켜보는 일이 대단히 흥미로울 거 같습니다.

틀림없이 정치 일선에서 물러나는 사람이 생길 겁니다. 푸틴 대통령이 난공불락처럼 보일 수는 있지만, 그 어떤 독재자라도 일을 완전히 망쳐버린다면 멀쩡히 버틸 수는 없습니다. 또 하나 명심해야 할 일은 제2의 냉전이라는 측면에서 보면 러시아는 중국보다 한 수 아래에 있는 동업자입니다. 이 한 수 아래 동업자는 정보 전쟁, 사이버 전쟁에 관해서라면 상당수의 전문가를 갖추고 있죠. 이번 위기의 가장 충격적인 특징 하나는 중국이 이제 러시아의 전술을 채택하고 있는 듯하다는 점입니다. 소셜미디어 곳곳에 러시아 봇이 있듯이 중국 봇도 있습니다.

러디어드 그리피스

네, 정말 중요하게 강조할 점이라고 생각합니다. 여기에서 시험대에 오르게 되는 건 민주주의 국가만이 아니군요. 어떤 면에서는 독재 국가가 더 취약할 거 같네요. 다음 질문으로 넘어가겠습니다. 리더와 사회 사이에 간극이 있을까요? 국가가 지침을 내리기에 앞서 국민과 기업이 먼저 행동을 취하는 경우를 보았는데요. 브라질에서도 그랬습니다.

니얼 퍼거슨

데이터를 철저히 조사하면 코로나19의 확산을 억제하고 인류를 휩쓸지 못하게 막았던 가장 중요한 요인이 사회적 거리두기였다는 걸 알게 될 거라 생각합니다. 실제로 개개인이 이번 위협에 적응했던 그같은 행동이 확산 속도를 늦추는 데에 락다운보다도 더 중요했습니다. 각국 정부가 도입한 강압적인 여러 조치는 시기를 놓쳐서 효과를 거두지 못했고, 도움이 된 이상으로 손해를 끼쳤습니다.

이 점을 설명하기 위해서 옥스퍼드대학교 블라바트닉 행정대학원에서는 정부의 대응책을 엄격성 지수로 평가하는 아주 뛰어난 연구 결과를 내놓았습니다. 최근에 나온 연구 결과를 보면 정부 규제의 엄격성에는 상당한 편차가 있습니다. 하지만 나라별 감염 정도와는 전혀 상관관계가 없습니다.

아주 많은 정부 대응책이 사실상 아무 효과도 없는 듯 보입니다. 정말 중요했던 건 사회적 거리두기, 행동의 변화, 마스크 착용 등이었습니다. 물론 정부가 이런 식으로 말할 수도 있겠지요. “좋아요, 됐습니다. 모두 끝났어요. 이제 출근해도 됩니다.” 하지만 사람들은 아마 사회적 거리두기를 계속할 거고 평소와 같은 일상으로 선불리 돌아가는 일에 아주 신중할 겁니다. 제가 생각하기에는 그것이야말로 말했던 연구 결과에서 드러난 그대로입니다. 하지만 이런 경고를 덧붙여야겠습니다. 지금은 팬데믹 초기입니다. 우리는 이 질병과 그것이 가져올 여파에 대해 더 많이 배워야만 합니다.

러디어드 그리피스

이 상황이 환경 운동을 지연시키게 될까요? 환경 규제가 취소된 게 있을까요? 어느 정도까지는 이 위기 이후 경제 상황을 원래대로 다시 회복시킨다고 하면서, 환경을 고민하기보다는 성장을 회복하고 높은 실업률을 수습하는 것을 기준으로 경제 관련 의사 결정을 내리게 되지 않을까요?

니얼 퍼거슨

저는 지난 1월에 다보스 포럼(세계경제포럼)에 참석했습니다. 컨퍼런스의 중심 주제가 기후변화였습니다. 다보스 포럼이 매해 발간하는 리스크 보고서에 담긴 최대 리스크 네 가지가 모두 기후와 관련되어 있었습니다. 저는 스위스의 작은 스키 휴양지 주변을 돌아다니면서 이렇게 말했습니다. "기후변화가 심각하다는 건 저도 압니다. 하지만 이번 달에 실제로 일어날 일은 팬데믹입니다. 그러니 아마도 팬데믹에 대해 논의해야만 합니다." 기후변화가 우리가 논의해야만 할 모든 다른 위협을 진공 상태에 빠뜨릴 위험이 있다는 게 제 생각입니다. 이번 팬데믹은 기후변화와 상관이 없습니다. 하지만 전 세계의 재계 엘리트들이 기후변화에 빠져들어서 장기적인 평균 기온을 논의했습니다. 이탈리아나 뉴욕에서 초만원이 되어버린 병원에서 사람들이 생사를 다투는 상황이 되자 장기적인 평균 기온은 훨씬 덜 중요한 게 되어 버렸습니다.

좋은 소식이 있는데요. 이산화탄소 배출량을 줄이고 싶으면 전 세계 경제를 폐쇄하는 것만큼 좋은 일은 없다는 겁니다. 전 세계 대규모 산업 중심지 일부를 폐쇄한 뒤에 나타난 경이로운 푸른 하늘에 대해 일부 관측자들도 분명히 들어

보았을 겁니다. 기후변화를 멈추고 싶다면, 경제 활동을 폐쇄하는 게 틀림없는 방법인 건 명백합니다. 그레타 툰베리는 물론 그렇게 주장했습니다. 하지만 이제 우리는 경제 활동을 폐쇄했을 때 어떤 일이 일어나는지 목격하고 있습니다. 실제로는 그다지 이상적이지 않습니다, 안 그런가요? 저는 환경 운동이 한 가지 이슈에 편집광적으로 집중하는 게 반드시 바른 운동 방법인 건 아니라는 걸 알아야 한다고 생각합니다. 완화 전략을 취할 필요가 있긴 하지만 경제를 망치거나 대량 실업과 제로 성장을 불러일으키게 해서는 안 됩니다. 인간의 생명과 복지 측면에서 무시할 수 없는 대가를 치르게 될 테니까요. 균형을 맞춰야 하는 일입니다.

러디어드 그리피스

마지막 질문을 하나 드리고 이제 보내드려야 할 텐데요. 작은 나라들이 이번 위기에 가장 잘 대응했다고 하면, 미국은 급속히 탈중앙화 전략을 모색해봐야 할까요? 이번 위기에 비추어 볼 때 전통 적인 국민국가nation-state를 재고해봐야 할 시점인가요? 이제는 도시국가city-state가 미래의 바람직한 모습일까요?

니얼 퍼거슨

한 달쯤 전에 저는 〈스펙테이터〉 지에 이런 글을 썼습니다. 초강대국은 어느 나라도 팬데믹에서 잘 헤어나오지 못하고 있지만, 대만과 이스라엘 같은 작은 나라들은 잘 해내고 있다고요.

팬데믹에는 규모의 비경제성이 있습니다. 로마 시대로 거슬러 올라가봐도 그건 사실입니다. 거대한 통합 제국은 새로 발생한 병원균에 아주 취약합니다.

탈중앙화decentralization는 실제로 좋은 일입니다. 지역화와 탈중앙화를 더 많이 할 수 있다면, 더 좋아질 겁니다. 미국에서 주 정부에 책무를 이양하는 일은 좋든 싫든 이미 일어난 일입니다. 일부 도시들이 결국 락다운과 규제 정도에 대해 자체적으로 결정을 내렸습니다.

그건 과거의 팬데믹에서 일어났던 일과 똑같고, 또한 좋은 일이기도 합니다. 몬태나주와 캘리포니아주 간의 급격한 차이를 생각해보면, 몬태나에서 캘리포니아의 정책을 채택한다는 건 정신 나간 일이니까요.

단순히 이번 팬데믹뿐만 아니라 현대성modernity에서 찾게 되는 중요한 교훈 하나는 중앙 집중이 과도해지면 제 기능을 상실한다는 겁니다. 최종적인 분석을 놓고 본다면 중국은 승자가 아닐 겁니다. 중국의 중앙 병리학은 과도하게 권한이 집중되어 있거든요. 중국이 맨 처음에 이 재난이 일어나게 했던 이유도 거기에 있습니다. 반면 탈중앙화가 잘 되어 있는 큰 국가들이 장기적으로는 더 잘 해나갈 겁니다.

이 자리에서 중요하게 담아가야 할 내용은 이겁니다. 미국 이외의 지역들과 관련해서, 탈중앙화된 민주주의 국가들이 위기의 첫 순간에는 잘하지 못하는 경향이 있다는 겁니다. 전쟁이 시작되면 그들은 혼란에 빠집니다. 하지만 시간이 지날수록, 새로운 위협에 직면했을 때 탈중앙화된 자유 사회는 고도로 중앙집권화된 독재 사회보다 더 빨리 더 나은 해결책에 도달하게 될 겁니다. 네트워크로 연결된 세상이 주는 교훈은 사람들이 고도로 집중화된 네트워크보다는 분산된 네트워크를 원한다는 겁니다. 그리고 그것은 이런 팬데믹이나 국가들에만 국한되는 교훈이 아닙니다. 빅테크 플랫폼들의 힘을 약화시키고 인터넷을 분산하고 탈중앙화된 네트워크로 만들 필요도 이 때문이라고 저는 생각합니다. 소수의 거의 독점적인 기업에 지배되는 것이 아니라 원래 의도했던 상태대로 말입니다.

러디어드 그리피스
폭넓은 전망을 두고 나누는 대화는 언제나 즐겁네요. 긴 시간 정말 어려운 일을 해내셨다는 말씀을 끝으로 이 자리를 마치겠습니다.

KARA SWISHER

카라 스위셔와의 대화

러디어드 그리피스

오늘은 빅테크 기업이 사회에서 갖는 역할을 더 깊이 논의해 보겠습니다. 우리를 이끌어주실 분으로, 미국와 전 세계적으로 빅테크에서 벌어지는 일에 관해 전 세계에서 가장 명민한 사상가 한 분을 모셨습니다. 잘 알려진 저널리스트이자, 작가이며, 창업가입니다. 〈뉴욕타임스〉 칼럼니스트, 테크 웹사이트 〈리코드Recode〉 편집장이자, 인기 팟캐스트 〈피벗Pivot〉의 제작자시죠. 바로 카라 스위셔 씨입니다. 카라 씨, 모시게 되어 대단히 기쁩니다.

이번 팬데믹이 빅테크 기업에 어떤 영향을 미쳤는지, 팬데믹의 결과로 빅테크 기업이 우리 사회에 끼칠 영향에 대해 중요한 이론을 제시한 바 있으시죠. 오늘 대화에 앞서 배경을 이해할 수 있도록 관련 이야기를 들려주실 수 있을까요?

카라 스위셔

오랫동안 저는 교육, 헬스케어, 상거래, 커뮤니케이션, 미디어 등등 모든 면에서 테크놀로지의 영향력이 커지고 있다는 글을 써왔습니다. 이번 팬데믹 초기에 쓴 어떤 글에서는 테크가 이미 전 세계에서 가장 거대하고 가장 중요한 산업이 되어버렸고, 인류 역사상 가장 부유하고 가장 크게 영향력을 행사하면서도 가장 책임을 지지 않는 임원진이 있다고 했습니다. 그들은 앤드류 카네기처럼 철도 회사를 운영하거나 제철 공장을 소유하고 있지는 않습니다. 그 대신 사람들에 대한 데이터와 정보를 이전에 수집한 그 어떤 주체보다도 더 많이 보유하고 있습니다.

이번 팬데믹은 글로벌 규모의 사건이라서 기

존 글로벌 기업이 거대 단일 기업으로 바뀌는 추세를 재촉했습니다. 구글은 검색을, 페이스북은 소셜미디어를, 아마존은 상거래를 소유하고 있습니다. 이번 팬데믹에서 우리 사회가 돌아가게 하려면 이런 기업들이 절실히 필요하다는 점이 알려졌습니다. 이로써 기업의 힘은 더욱 공고해지고, 규제 기관이 이들을 제어하려는 의지나 능력은 저하되었습니다.

러디어드 그리피스

좋습니다, 카라 씨. 덕분에 다음으로 이야기하려던 내용으로 매끄럽게 이어가게 되었네요. 카라 씨와 여러분이 팬데믹 전단계에 몸담았던, 빅테크 기업의 고삐를 쥐고, 개개인의 프라이버시 보호권을 재차 주장하고, 더 많은 행정 통제와 규제를 권장하는 이 운동은 무엇인가요?

카라 스위셔

국가의 통제나 규제가 아닙니다. 국가의 통제는 아주 다른 문제입니다. 국가가 언론의 자유를 통제하는 건 바라는 바가 아니니까요. 우리가 바라는 건 강력한 영향력이 있는 다른 주요 산업과 비슷한 정도로 규제를 받는 것입니다. 그게 어떤 결과를 수반할지는 정확히 알지 못하지만요. 확실한 건 프라이버시 관련 법규는 이 나라에서 한 가지 빠져 있는 것입니다. 캘리포니아와 여러 주에는 존재하고 있습니다만, 이번 팬데믹으로 인해 온전히 시행되지는 못했습니다.

러디어드 그리피스

이제 감염 경로 추적을 추진하려는 행보가 이번 팬데믹 대응에서 큰 부분을 차지할 텐데요. 양날의 검이 될 거라 보십니까?

어쩌면 이들 기업에 훨씬 더 많은 데이터를 쥐어주면서 국민의 이동 경로 추적과 감시를 일상화하게 될지도 모릅니다. 아니면 현명한 규제 기관이 이들 플랫폼과 테크놀로지를 어떻게 사용해야 공공의 이해에 부합하게 될지 숙고하게 되면서, 그에 걸맞은 규제의 틀을 마련하는 기회가 될지도 모르죠.

카라 스위셔

저는 감염 경로 추적에 대해서는 특별히 걱정하지 않습니다. 바턴 겔먼과 인터뷰를 한 적이 있는데요. 바턴 겔먼은 글렌 그린월드와 마찬가지로 에드워드 스노든에 관한 책을 쓴 작가이자 저널리스트입니다. 바턴 겔먼은 감염 경로 추적에 대해 그리 걱정하지 않더군요. 공공 보건 위기 상황에서 오랫동안 해왔던 일이니까요. 1918년으로 거슬러 올라가 보더라도 공무원들은 연필과 종이를 써서 일종의 감염 경로 추적을 했었거든요.

구글과 애플은 감염 경로 추적 시스템을 구축하려고 노력하는 중이고 이 일을 아주 투명하게 해왔습니다. 전에는 아날로그였던 것들을 디지털화하면서 나타나게 될 문제를 미리 다 예상할 수는 없습니다. 그런 정보가 다른 용도로 쓰이게 된다면 어떤 일이 일어날지, 예를 들어 보험회사가 이용할 수 있게 된다면 어떻게 될지에는 의심의 소지가 있다고 생각합니다. 하지만 미국 정부에는 이들 빅테크 기업의 도움이 절실합니다. 반드시 나쁜 일이라고만 할 수는 없습니다. 이런 종류의 일에 능숙한 기업들이니까요.

러디어드 그리피스

필수 인력이라는 개념 전반에 대해 조금 더 이야기해 볼까요. 의료 부문에 필수 인력이 있다는 건 다들 명확히 이해하고 있습니다. 하지만 카라 씨가 짚어 주셨듯이 이제는 테크 부문에도 필수 인력이 있습니다. 하지만 규제나 사회적 시각이란 면에서 이들은 아주 다르게 취급됩니다. 이에 대해 자세히 설명해 주셨으면 합니다.

카라 스위셔

이제 음식을 배달해주는 배달 인력이나 제품 발송 업무를 하는 아마존 창고 직원도 모두 필수 인력입니다. 저는 니콜 한나-존스에게서 이 아이디어를 얻었습니다. 〈뉴욕타임스〉에서 '1619'라는 굉장한 프로젝트를 이끌었던 분이죠. 한나-존스는 전에도 이 아이디어를 이야기한 적이 있었습니다. 우리가 이들 긱 경제(기업이 필요에 따라 계약직이나 임시직으로 사람을 고용하는 경향이 커지는 경제 상황-옮긴이) 인력을 대체 가능한 사람들로 여긴다고요. 이 사람들에게는 의료보험 혜택도 없고, 저축급여 혜택도 없고, 고용과 함께 이루어지는 혜택 중 아무것도 없다고요. 아무런 보호 조치도 없는 겁니다. 한나-존스는 이들을 필수 인력이 아니라 희생 인력이라고 했죠. 이 사람들이 병에 걸리고 있습니다. 레스토랑이나 그밖의 모든 장소에서 최전선에 있는 인력이죠. 분명히 의료 인력은 이 상황에서 우리들의 영웅입니다. 하지만 모든 종류의 최전선에서 일하는 인력이 이 위기에서 보호받지는 못하고 있습니다. 적어도 미국에서는요.

러디어드 그리피스

카라 씨, 빅테크 기업이 부상하는 현상을 구체적으로 설명해 주신 것 같습니다. 이 위기 전에 이들 기업이 힘이 없었다는 뜻은 아니고요, 굳이 말하자면 이들이 우리 사회에 필수적이라는 점이 강력히 옹호된다는 면에서 그렇습니다. 미래에 대한 혜안을 나누어 주셨으면 하는데요. 이들 희생 인력이 새로운 규제의 틀 안으로 옮겨와서 하고 있는 일을 인정받게 될 거라 낙관하십니까? 우리 사회에서 급성장하고 있는 이들 기업의 파워를 억제하는 방향으로 정부가 현명하게 처신할 수 있다고 낙관하시나요?

카라 스위셔

글쎄요, 어떤 정부인지에 따라 달라지겠지요. 안 그런가요? 저는 미국보다 캐나다에 더 신뢰가 갑니다. 미국보다 유럽을 확실히 더 신뢰하고요. 그동안 미국에는 테크 기업에 대한 규제가 전혀 없었습니다. 마구잡이식의 대책들만 있었죠. 연방통상위원회가 부과한 벌금은 알고 계시겠지요. 페이스북은 개인정보 보호 동의 의결consent decree을 위반한 벌금으로 50억 달러를 지불했습니다만, 30초 만에 원위치로 되돌아갔다고 생각합니다. 저는 그걸 주차 위반 딱지라고 불렀습니다.

이처럼 미국에서 저는 어떤 실질적인 규제도

보지 못했습니다. 어떤 대선 후보가 규제를 제안하는 걸 다들 들어보긴 했을 겁니다. 예를 들어 엘리자베스 워런 의원은 이 이슈에 관해 상당히 적극적이고 아주 영민합니다. 공화당 조시 홀리 의원은 규제에 관해 많은 이야기를 해왔습니다. 버지니아 연방 상원 의원인 마크 워너도 그랬고요. 법무부 장관을 포함해 전국적으로 온갖 종류의 사람들이 이 일을 하고 있습니다. 하지만 제 생각에 모든 관심은 이제 코로나 바이러스에 집중될 겁니다. 이 위기를 겪는 동안 아마존이 얼마나 도움이 되었는지, 그러면서 얼마나 자기들의 선두 자리를 공고히 했는지를 보면 앞으로 아마존의 행보를 공격하기란 쉽지 않을 겁니다. 지금은 승자들이 진정한 승리를 거두게 되는 시점입니다. 그들의 경쟁자들은 누구든 무리에서 도태될 겁니다.

러디어드 그리피스

여론의 법정에서 지금은 아마존이 분명한 승자라

는 점을 지적해 주셨습니다. 그렇다면 5대 빅테크 기업들 중에서 패자도 있을까요? 꼭 5대 기업이 아니라도요?

카라 스위셔

아뇨, 5대 빅테크 기업 중에서 패자는 없습니다. 모두 다 아주 잘 해내고 있어요. 모두가 미친 듯이 테크 기업의 서비스를 이용하고 있으니까요.

락다운으로 정말 크게 성장한 줌 같은 조금 더 작은 기업도 있습니다. 구글이나 페이스북 같은 기업은 광고가 약간 줄어들었었지요. 하지만 그런 감소도 끝났습니다. 다른 모든 미디어 기업들이 엄청난 곤경에 처하게 될 테니, 이들이 모든 광고 수입을 다시 빨아들일 겁니다. 이들 테크 기업에는 엄청난 현금 유동성이 있어서 이런 난국에서도 빠져나갈 수 있죠, 하지만 나머지 사람들은 테크 기업 뒤에서 부러진 다리를 끌면서 절름대며 따라가는 형국입니다.

디지털 상거래는 물론 또 다른 큰 승자입니

다. 아마존 배달 서비스를 한 번도 이용해본 적 없던 사람들이 서비스에 가입하고 있습니다. 월마트는 전통적인 유통업체지만 디지털 회사는 아니죠. 하지만 디지털 쇼핑에 큰돈을 투자했고, 그 사업은 엄청나게 성장했습니다. 월마트가 미국에서는 기본 식품점으로 여겨지기 때문에 월마트와 경쟁하는 다른 모든 사업체들은 개점조차 할 수 없습니다. 그러니 거대 기업이 모든 영세 소매점을 질식시키는 걸 지켜보고 있을 수밖에요.

러디어드 그리피스
실리콘밸리와 월스트리트 일부에서 회자되고 있는 '아메리카 2.0'이라는 유행어에 관해 글을 쓰셨지요. 이 유행어의 이면에는, 제가 짐작하기로는, 위기를 헛되이 낭비하지 않고 이 위기로부터 구조조정의 기회가 올 거라는 구상이 깔려 있는데요. 이 구상의 핵심 요소를 풀어봐 주시겠어요? 정치적으로나 아니면 다른 면에서도 실행 가능성이 어느 정도나 있다고 보십니까?

카라 스위셔

희망이 있을 수도 있고 없을 수도 있습니다. 우리 미국에서 허접한 것들을 정말로 치워버리고 위대한 것들을 들여올 수 있는 기회니까요. 아메리카 2.0은 뭘까요? 엄청난 로비력, 미다스(그리스 신화에 나오는 부유한 왕-옮긴이) 같은 엄청난 재산, 많은 사람의 운명을 좌지우지하는 능력을 갖춘 거대 기업들로 가득한 나라인가요? 아니면 소득 평등을 이룬 나라일까요?

창업가이자 댈러스 농구팀 구단주인 마크 큐번이 팟캐스트에 나와서 저와 함께 아메리카 2.0에 대해 이야기를 나눈 적이 있습니다. 큐번 씨의 비전은 인공지능과 로봇공학이 거대 기업보다는 사람들을 돕는 일에 더욱더 집중하는 사회라고 했습니다.

어떤 사람들은 미국에 더 많은 제조업을 두어야 한다고 생각합니다. 수십년 동안 제조업을 해외로, 특히 중국으로 이전해 왔습니다. 다른 사람들은, 가진 자와 못 가진 자 사이에 어마어마한 격차가 나지 않는, 모두에게 더 공정한 시스템이 되어야 한다고 느낍니다. 이런 격차는 이번 위기로 더욱 커져만 가고 있습니다.

〈뉴욕매거진〉은 정말 대단한 커버스토리를 내놓았죠. '부유한 코로나, 가난한 코로나'라고 말입니다. 사람들은 각자 처한 상황에 따라 아주 다른 경험을 하고 있습니다. 저는 훨씬 수월하게 경험하고 있는 편이죠. 제게는 직업이 있습니다. 아이들이 여럿 있는데 현재는 돌봄 서비스가 이루어지지 않고 있습니다. 그 때문에 아주 힘들고 피곤합니다. 하지만 스타벅스 같은 데서 일하는 최전선에 나서야 하는 사람들, 투잡을 뛰어야만 하는 사람들, 직장에 나가지 않으면 일자리를 잃게 되는 사람들 만큼 힘든 건 아닙니다. 트위터는 재택 근무 체제를 영구히 도입하겠다고 발표했습니다. 글쎄요, 그건 고위직 직원들에게만 좋은 일인 건 아닐까요? 사내 카페테리아 직원에도 정말 좋은 일일까요?

그러니 이건 아메리카 2.0은 무엇이 될 것이며, 무엇이 되어야 하는지를 묻는 하나의 질문일 뿐입니다. 긍정적인 방식으로 우리 스스로를 새롭게 할 기회가 주어지는 걸까요? 아니면 지금도 편파적인 정치 시스템 내에 소득 불평등과 공룡 기업들의 막강한 권한이 자리잡게 되는 정말 무시무시한 추세를 공고히 하게 되는 걸까요?

러디어드 그리피스

어떤 사람들은 실리콘밸리의 파괴적 혁신이 테크놀로지를 이용해서 소비자 보호와 노동자 보호를 회피하는 것일 뿐이라고 주장합니다. 리프트, 우버, 도어대시에서처럼요. 코로나 이후의 세상에서는 테크 기업들이 사회로부터 얻어낸 것 대비 사회적 가치를 창출하는 능력을 평가할 때 어떤 기준을 사용하게 될까요? 이 기업들과 더불어 실제로 사회적 가치를 창출할 수 있을까요?

카라 스위셔

물론 할 수 있을 겁니다. 하지만 이런 단순한 문

제를 한번 들여다 봅시다. 우버 라이드를 한 번 이용할 때 2달러 정도가 듭니다. 샌프란시스코를 가르지른다면 4달러가 들 수도 있죠. 저는 생각했습니다, 오, 이거 괜찮네. 하지만 진실은 이렇습니다. 4달러가 드는 게 아니었어요. 어딘가에서 다른 누군가가 비용을 지불했습니다. 그 누군가는 벤처투자자일 수도 있고, 충분한 돈을 받지 못하는 운전자일 수도 있습니다. 이익을 온전히 얻고 있지 못하는 이들 노동자들을 바탕에 깔고 다수의 기업이 구축되었습니다. 이 기업들은 자기들이 얼마나 똑똑한지 자기들이 얼마나 혁신적인지를 말합니다. 하지만 진실은 발생하는 비용을 기업이 지불하지 않아도 된다는 것일 뿐입니다.

페이스북도 자사 콘텐츠가 사회에 미치는 폐해에 대해 비용을 지불하지 않아도 됩니다. 콘텐츠를 공개한 주체가 아닌 척하면서 기업이 불러일으켰을 법한 피해에는 책임을 지지 않습니다. 그것이 페이스북 사업이 그토록 성행하는 이유입니다. 미디어 업계에서는 모든 것을 점검해야 합니다. 그 일에 적확한 사람도 있어야 하고요.

이런 건 신선하고 새로운 발상이 아닙니다. 하지만 의문이 들죠. 이들 기업이 얻어간 것은 그들이 환원한 것에 대비해서 어느 정도나 많을까요? 소비자들은 이 앱으로 무엇을 주고 무엇을 얻었는지 정말 열심히 생각해봐야 합니다. 유럽연합의 마르그레테 베스타게르 위원은 실리콘밸리에는 골칫거리죠(베스타게르는 퀄컴, 구글 등 미국 기업에 거액의 과징금을 부과한 바 있다-옮긴이). 그는 사회적 선을 편리함과 맞바꾼다는 아이디어에 관해 이야기합니다. 저는 이 아이디어를 좀 더 미국적인 방식으로 생각해보는데요. 테크 기업에게 소비자는 쉬운 데이트 상대 같습니다. 소비자들은 지도나 소개팅 앱을 얻거나, 필터를 켜고 긴 혀를 자랑해볼 수도 있습니다. 반대급부로 돈이 되는 개인정보를 내어줍니다. 소비자들이 이들 기업으로부터 가치를 얻는 게 아니라면 기업들은 앞으로 어떤 가치를 제공해야 할까요? 정부 최고

위층에서 논의해야 할 사안이라고 생각합니다.

러디어드 그리피스

마르그레테 베스타게르 위원을 언급해 주셨는데요. 유럽연합에서 개인정보 담당 위원이시죠. 유럽이 제대로 하고 있다고 생각하십니까? 유럽연합의 테크놀로지, 빅테크 기업에 반하는 조치가 규제와 더불어 적절하다고 생각하십니까? 아니면 혁신을 가로막고 비용을 올리는 일이라고 생각하십니까? 유럽이 경제적으로 테크놀로지를 혐오하도록 만들어서, 혁신의 현장과 미래가 펼쳐지는 장에서 중국과 미국, 그 밖에도 세계 여러 나라들이 멀리 앞서 나가게 하는 조치인 걸까요?

카라 스위셔

규제가 많아지면 혁신은 줄어든다고 생각합니다. 하지만 동시에 아무 규제가 없다면 공룡 기업들이 생겨나겠지요. 그렇게 되면 혁신이 줄어든다는 뜻입니다. 그러니 일종의 흥미로운 요리법처럼 양 조절이 필수겠지요.

스포티파이는 유럽에서 탄생해서 유럽에 자리잡고 있는 초혁신 기업입니다. 하지만 유럽에는 그런 기업이 그리 많지 않습니다. 거기에는 다 이유가 있죠. 말하자면 유럽은 개인정보 보호가 어떤 문제를 수반할지에 대해 여기 미국에서와는 다른 구상을 하고 있습니다. 뉴질랜드나 캐나다와도 다릅니다. 유럽연합은 유럽 사람들이 프라이버시에 대해 어떻게 생각하는지에 맞게 대응하는 겁니다. 마르그레테 위원은 유럽 사람들에게 맞는 일을 적절하게 하는 겁니다. 문제는 우리가 글로벌화된 세계에 살고 있다는 사실입니다. 그러다 보니 페이스북이나 구글이 한 지역에서 어떤 일을 하고 있다면 다른 곳에서도 그렇게 해야 합니다. 테크 기업을 대할 때 그들이 하는 사업을 근거로 삼는 건 아주 훌륭한 태도라고 생각합니다. 금융 서비스 기업은 그런 식으로 대하지 않습니다. 사람들은 금융 기업이 돈벌이를 하는 조직이라는 것을 아주 명확히 이해하고 있습니다. 그런데 아주 오랫동안 테크 기업은 거의 셀럽 같은 우대를 받았지요.

테크 기업의 임원진이 억만장자이기 때문에 원하는 건 무엇이든 하는 것, 그들이 아주 똑똑하다는 이유로 지나치게 많은 규제를 하는 것, 그 사이 어디쯤에 중도적인 방법이 있습니다. 그런데 종종 논의는 모 아니면 도라는 식이죠.

러디어드 그리피스

이 위기를 겪고 나면 상거래 자동화가 더 늘어날 거라 보십니까? 아니면 더 줄어들 거라 보십니까? 전자상거래뿐만 아니라 우리가 익히 알고 있는 오프라인 상거래도 중개에서 벗어나 근본적으로 변신하려는 참인가요? 아니면 이전의 습관으로 되돌아가게 될까요?

카라 스위셔

유통업은 오랫동안 곤경에 처한 상태였습니다. JC페니 백화점 같은 기업은 서서히 망해 가고 있었는데요. 이제는 그냥 망해 버렸지요. 직접적으로 영향을 미치는 사건에 부딪혔으니까요. 제 생각에는 많은 소규모 상점에서 유통의 통합이 정말로 이루어질 겁니다. 지금의 상점은 사람들이 찾게 하려면 특별해져야만 합니다.

여기 워싱턴 D.C.에는 유니언 마켓이 있습니다. 들러서 쇼핑하는 재미가 있는 곳이죠. 유니언 마켓처럼 일부러 찾아가는 장소 이야기도 여전히 있긴 합니다만, 소매업자들이 계속 버티기는 아주 어려워질 겁니다. 상업용 부동산의 커머셜 요금(기업체나 사업을 목적으로 하는 비즈니스 고객에게 일정 비율 할인해 주는 요금-옮긴이)이 내려갈 거라는 점만 빼고는요. 이번 팬데믹은 자동화와 비대면 구매 등 이미 일어나고 있던 트렌드를 재촉할 겁니다. 아마존이 직영 매장에서 하고 있는 일은 상당히 멋집니다. 매장에 들어가서 사려는 물건을 집어 들고, 밖으로 나오기만 하면 요금이 저절로 계산되죠. 창고 자동화도 진행 중일 겁니다.

러디어드 그리피스

자동화가 확대되는 세상에서 사회에는 어떤 일이

일어날까요? 매장 계산원도 없어지고, 창고 노동자도 없어지고, 아마 트럭 운전사도 없어지겠지요. 사회는 어떻게 돌아갈까요? 테크놀로지가 어떻게 이 모두를 함께 유지하고 운영할까요?

카라 스위셔

다른 일자리를 만들어낼 겁니다. 안 그런가요? 제 말은, 농업이나 제조업에서도 예전에 이런 일이 벌어졌다는 겁니다. 제 가족은 석탄 산업에 종사했었습니다. 그래서인지 저는 그런 점을 많이 생각합니다. 사람들이 석탄을 캐서는 안 됩니다. 로봇이 해야 합니다. 위험한 일이니까요. 사람들에게 안 좋은 일이죠. 반복적인 업무를 하는 사람은 아마 대체될 겁니다. 디지털화될 수 있는 거라면 뭐든지 디지털화될 겁니다. 여러 가지 면에서 그래야 하니까요.

그러니 문제는 이런 겁니다. 어떻게 하면 우리가 창의적이고, 인간만이 할 수 있고, 고차원적인 감각을 사로잡는 새로운 일자리를 만들 수 있을까? 어떻게 하면 사람들이 자체적으로 혁신적인 사회를 구성할 수 있을까? 아시겠지만, 대통령 후보였던 앤드류 양이 보편적 기본소득을 이야기했지요. 흥미로운 아이디어입니다. 약간만 경제적으로 숨 돌릴 틈을 준다면 사람들이 더 나은 일을 만들 수 있을까요? 저는 모르겠습니다. 제가 생각하는 문제는 이런 겁니다. 기계적으로 외워서 하는 일을 없애려면 우리 문화를 얼마나 혁신해야 할까요? 그렇게 하지 않는다면 군주와 농노가 있는 상황을 겪게 될 겁니다. 이런 정보 경제에서 역량이 뛰어난 일부 사람들이 있고, 나머지 다른 사람들은 뛰어난 일부 밑에서 일하게 되는 거죠.

러디어드 그리피스
말씀하신 건 이번 팬데믹의 와중에 우리가 현재 처해 있는 일인가요?

카라 스위셔
네, 저는 그렇다고 생각합니다. 팬데믹 이전에, 저는 〈뉴욕타임스〉에 이런 칼럼을 썼습니다. 소득 불평등이 엄청나게 큰 문제가 될 거라고요. 부유한 사람들은 끊임없이 부유해지는데 그게 어떤 의미인지 생각해 보아야 한다고 말입니다. 소득 불평등에 관해 뭔가 조치를 취해야 할 겁니다. 아니면 부자들이 타고 다니는 테슬라 승용차에 방탄 처리를 해야 할 거고요.

어떤 사회를 바라고 있습니까? 저는 부자들이 방탄 승용차를 타야 하는 상황은 누구도 바라지 않을 거라 생각합니다. 모두에게 품위 있고 안전한 일자리와 좋은 의료보험, 다음 월급을 어디서 받을 수 있을지 걱정하는 일 없이 자녀들을 키울 능력이 있으려면 어떻게 해야 할지 다들 알아내고 싶겠지요. 우리는 부유한 나라에 살고 있고 이 문제를 풀어낼 수 있어야 합니다. 하지만 팬데믹 이후에는 이렇게 하기가 더 어려워질 거라고 봅니다. 부채, 실업, 경기침체, 이런 모든 것이 실질적으로 인간성을 겨냥하는 본성과 관련이 되니까요.

러디어드 그리피스

잘못된 정보에 관해 이야기해 볼까요. 어떤 면에서는 이번 팬데믹 동안 카라 씨가 개인적으로 겪은 일이기도 한데요. 칼럼에서 어머니께서 폭스 뉴스의 진행자 숀 해니티의 관심을 끌었다고 쓰셨어요.

카라 스위셔

정보의 속도가 지금보다 더 빠른 적은 없었습니다. 굉장한 일이기도 하지만 안 좋은 일이기도 합니다. 잘못된 정보가 너무나 빠르게 전 세계로 퍼져나갈 수 있습니다. 백악관 브리핑만이 아닙니다. 페이스북이나 그와 비슷한 다른 어떤 곳에서도 어디서든 실제로 일어나는 일이고요. 소셜 미디어 네트워크는 이런 일들을 자정하려고 몹시 애쓰고 있습니다. 칭찬할 만한 일이죠.

제 남동생은 샌프란시스코에서 마취과 의사인데요. 응급실에서 계속 일하고 있습니다. 이 위기가 시작되었을 당시 저희 어머니는 아주 부정확한 정보를 갖고 계셨어요. 폭스 뉴스를 계속

보고 계셨고, 저는 그런 어머니를 정말 걱정했습니다. 낸시 펠로시가 세상을 장악하려고 음모를 꾸미고 있다는 둥 일부 뉴스는 그런대로 괜찮았어요. 저는 그런 일에 별로 신경을 쓰지 않습니다. 하지만 훨씬 더 문제가 있는 건 이런 겁니다. "이건 그냥 독감이래, 별거 아니란다. 외출해도 괜찮겠지." 그러고는 외출하시려 했어요. 제겐 막을 방법이 없었습니다.

그래서 저는 관련 칼럼을 썼어요. 거기에 이런 글을 담았죠. "이봐요, 폭스뉴스는 의료 정보에 관해서 만큼은 정말 제대로 된 뉴스를 전달하도록 정말로 열심히 노력해야만 합니다." 아시다시피 그들은 뉴스와 전문가 의견을 뒤섞어 놓습니다. 모든 케이블 방송사들이 그런 것처럼요. 제 칼럼은 이렇게 시작했습니다. "당신을 고소하지는 않을게요, 숀 해니티 씨." 이 모든 초기 정보가 터무니없이 잘못되었다는 이유로 폭스뉴스를 고소한 사람들 이야기가 있었거든요. 그 칼럼 때문에 숀 해니티는 화가 났죠. 저한테 트윗을 보내기 시작했습니다. 무슨 일이 있더라도 자기 길을 가겠다고요. 그들 말로는 이런 세상에서라도요. 하지만 저는 어머니에 집중했고 올바른 정보를 얻는 일에 집중했습니다. 어머니는 넘쳐나는 가십 방송을 보고 싶은 만큼 얼마든지 보셔도 되고, 정치적 견해를 가지셔도 됩니다. 이 나라의 많은 가족은 좀 다르겠지만요. 하지만 건강 정보는 기본적으로 정확해야 하죠. 제가 칼럼에 썼던 건 바로 그런 내용이었습니다.

러디어드 그리피스

미디어 업계에 대한 배경지식만 갖추신 게 아니라 직접 연락하는 분도 있으시군요. 이런 카라 씨와 길게 대화할 수 있어 정말 즐거웠습니다. 대단히 인상적이었습니다만, 카라 씨의 아이디어를 좇아가느라, 던져 주신 빅퀘스천을 곰곰이 생각해 보느라 힘든 시간이기도 했습니다. 오늘 밤 우리는 정말 큰 특전을 누렸습니다.

카라 스위셔

이렇게 중요한 대화를 나누게 되어 감사해요. 러디어드 씨와 나눈 대화는 정말 즐거웠습니다.

DAVID BROOKS

데이비드 브룩스와의 대화

러디어드 그리피스

이번 멍크 다이얼로그에는 진짜 특별한 분을 모셨습니다. 데이비드 브룩스 씨를 소개합니다. 베스트셀러 작가이자 〈뉴욕타임스〉 칼럼니스트고, PBS방송국의 〈뉴스아워〉에서 미국 정치를 논평하는 분입니다.

데이비드 브룩스

멍크 커뮤니티에 돌아오게 되어 정말 좋습니다. 너무나 기쁩니다.

러디어드 그리피스

정말 좋네요. 이 대담은 우리의 생각을 미래로 확장해서 이번 팬데믹이 우리 개개인에게 어떤 영향을 미치는지 생각해보고자 마련되었습니다. 하지만 데이비드 씨의 전문가적 식견은 공동체 맥락에서 상황을 생각하고, 21세기를 살아가는 우리가 함께 어떻게 행동해야 할지 또는 행동하지 말아야 할지를 생각해보는 데 있습니다. 이번 팬데믹이 우리 정치에, 특히 정부를 대하는 우리의 태도에 지속적으로 영향을 미치는 것이 있다면 그게 무엇이라고 보십니까?

데이비드 브룩스

이번 팬데믹이 얼마나 우리에게 영향을 많이 미칠 것인지에 대해서, 저는 최대주의자maximalist의 견해를 취하고 있습니다. 때로는 커다란 사건이 발생하고서도 일시적인 영향만 미칠 때가 있습니다. 미국에서 9·11테러는 사람들에게 깊은 영향을 끼쳤습니다. 종교의식에 더 많이 참석하게 되었고, 자원봉사 활동에 더 많이 나섰고, 헌

혈도 더 많이 했습니다. 하지만 그런 일은 9개월 정도만 지속되었고, 그러고는 모든 게 평상시로 되돌아갔습니다.

다른 한편으로 제2차 세계대전 시기에 성장한 사람들은 협동심이 아주 잘 발달하였습니다. 따라서 사회적 신뢰가 아주 높았습니다. 이런 사고방식은 60년 동안이나 지속되었습니다.

제가 이번 팬데믹이 오래 지속될 영향력이 있는 중대한 사건이 될 거라 생각하는 건 단순히 비극이고 재난이라서가 아닙니다. 팬데믹이 우리를 강타했던 때에 사회적 위기가 진행 중이었기 때문입니다. 우린 이미 분열되었습니다. 부자와 가난한 자, 백인과 흑인으로요. 이런 지진을 겪은 상태에서 팬데믹이 허리케인처럼 강타한 거죠. 이미 갈라진 산골짜기에 이제 빗물이 뿌려지고 있습니다.

그래서 제가 보기에 지금은 아주 흔치 않은 시기입니다. 두 종류의 위기가 한꺼번에 발생한 거니까요. 이 상황을 설명하려고 제가 고른 키워드는 불안정상태precarity입니다. 사람들은 이미 아주 불안정하다고 느끼고 있었습니다. 소득은 들쑥날쑥했고, 고용 상태는 불확실했으며, 이제 건강마저 위험에 처했습니다.

앞으로 나올 키워드는 안전security이 될 것 같습니다. 어떻게 하면 내가 안전해질 수 있을까? 어떻게 하면 모종의 질서에 둘러싸여 있다는 기분이 들 수 있을까? 이런 분위기에서 정부가 더 적극적이기를 정말로 바라는 쪽으로 커다란 태도 변화가 있을 거라고 생각합니다. 이런 걸 좌클릭이라고 부를 수도 있겠지만 제 생각에 그건 보수적인 좌클릭일 거라 생각합니다. 정부는 적극적이 되겠지만 아마도 이민에 대해서나 사회적 실험에 대해서는 더 보수적이 될 겁니다.

러디어드 그리피스

이 발상에 관해 흥미로운 칼럼을 쓰셨던데요. 이번 팬데믹이 어떤 의미에서는 처음 있는 북아메리카 침공 사건이라고요. 제 짐작으로는 1812년의 전쟁까지 거슬러 올라가야 했을 거 같습니다. 그때가 캐나다와 미국이 마지막으로 침공받았을 때였습니다. 우리가 지닌 불안정성에 대한 감각은 국제적인 사건으로 고조되었고, 냉전 기간과 9·11테러 때는 확실히 그랬지만 이 전염병은 근본적으로 다르다고요. 이건 우리 사회, 우리 국가 내부로 들어온 것이고, 국경을 침투해 들어온 것이며, 세상의 불안을 우리 내부로 가져왔습니다. 북아메리카에서는 결코 느낄 수 없었던 방식으로였다고요. 좀 더 자세히 설명해 주실 수 있습니까? 북아메리카가 이번 팬데믹에서 앞으로 나아갈 심리를 이해하는 데에 정말 중요하다는 생각이 들거든요.

데이비드 브룩스

미국과 캐나다는 잦은 침공에서 벗어나 있는 혜택을 누렸습니다. 미국은 양면이 엄청나게 큰 대양으로 둘러싸여 있고, 북쪽으로는 거대한 국경이 캐나다에 접해 있습니다. 또한 마음껏 쓸 수 있는 방대한 자원이 있었기에, 두 나라는 번성했습니다. 이같은 번성은 그에 따르는 다른 모든 것, 즉 개인주의, 풍족함, 이민자 환대의 배경이 되었습니다. 우리도 침략 대상이 될 수 있다는 사실을 갑작스럽게 자각하자 뭔가가 변화합니다. 가장 먼저 현실화된 건 세계의 나머지 부분을 받아들이게 된 것입니다. 침략 대상이 되면서부터 사고방식의 전환이 생겨났습니다. 메릴랜드대학교의 심리학자 미셸 겔펀드 교수는 여러 다른 나라와 다양한 문화를 연구해 왔습니다. 미셸 교수는 어떤 나라들은 엄격하고 어떤 나라는 느슨하다고 합니다. 엄격한 나라는 이웃 세력의 침략을 받아왔고, 끊임없는 위협이 그들에게 규칙을 강화하고 준수하는 경험과 기술을 가져다 주었습니다. 독일과 한국 같은 나라죠. 이런 나라에는 상당한 질서가 있고 약간의 순응도 있는 것 같습니다.

침략받은 적이 없는, 말하자면 느슨한 나라들도 있습니다. 캐나다, 미국, 오스트레일리아 등이죠. 이런 나라는 조금 더 창의적이지만, 어떤 면에서는 조금 더 무질서합니다. 이번 팬데믹에 대처하면서 엄격함은 실제로 도움이 되었습니다. 느슨한 나라도 팬데믹에 대처할 수 있지만, 조정하는 데에 시간이 오래 걸립니다.

전 세계에서 잘해온 나라를 살펴보면 엄격한 나라들입니다. 그리고 그만큼 잘하지 못하고 있는 나라는 보다 느슨합니다. 제가 보기에 이 차이의 주요 척도는 사회적 신뢰입니다. 정부를 신뢰하나요? 주변 사람을 신뢰하나요? 미국, 이탈리아, 스페인 같은 느슨한 나라는 힘겨운 투쟁을 벌여왔습니다. 다른 나라만큼 통합된 행동을 잘하지 못하니까요. 저는 문화가 결정적이라고 생각하지는 않습니다. 느슨한 나라가 한국이 했던 일을 할 수도 있습니다. 하지만 그런 문화적 전환은 더 힘들겠죠.

러디어드 그리피스

이번 팬데믹이 우리 문화에 깃든 그런 느슨함이나 개인주의를 우선시하는 태도를 바꾸게 될까요? 아니면 이미 그런 것들이 너무 깊이 새겨져 있는 상태라서 이번 팬데믹의 영향과는 상관없이 원래 있던 문화가 다시 본연의 모습을 다시 드러낼까요?

데이비드 브룩스

추측에 가깝긴 합니다만 바뀔 겁니다. 북아메리카와 서구 전체를 휩쓴 개인주의를 살펴보면 실제로는 1960년대에 시작된 것입니다. 1950년대에 살았던 사람들에게는 지나친 순응주의가 있었습니다. 너무 단조로웠죠. 아프리카계 미국인에게 공정하지 못했고, 여성에게도 공정하지 못했습니다. 이 나라를 뒤흔들어야만 했어요.

그리하여 우리에게는 위대한 밥 딜런이 있었고, 뒤이어 'Born to Run', 'Ramblin' Man', 'Free Bird' 같은 노래가 나왔습니다. 모두 자유와 해방을 노래했습니다. 1960년대와 1970년대에 일어났던 일이죠. 솔직히 저는 일이 이렇게 되어 기쁩니다. 훨씬 더 열린 사회가 되었습니다. 순응에 맞서는 저항이 촉발되지 않았다면, 실리콘밸리나 우리가 경험했던 수많은 창의성은 불가능했을 거라고 생각합니다. 누구든 원하는 생활방식대로 살 수 있다는 좌편향된 개인주의가 있었습니다. 원하는 경제 정책은 무엇이든 펼칠 수 있다는 우편향된 개인주의도 있었지요. 하지만 60년 동안 훨씬 더 직접적인 개인주의가 득세하면서, 제 생각엔 이제 도를 넘어섰습니다. 좋은 아이디어라도 극단적으로 몰아붙이면 이런 폐해가 생겨납니다.

이미 전환은 시작되고 있었고, 문화는 연결에 한층 더 다가서고 있었습니다. 이번 팬데믹은 그 같은 전환을 가속화하고 있습니다. 팬데믹은 집단의 문제를 해결하려면 어떻게 함께 행동해야 하는지를 깨우쳐주었습니다.

러디어드 그리피스

이런 위기의 결과로 대중이 더 독재주의에 가까운 관점을 수용하거나 추구하게 될 거라는 두려움이 흔히 있습니다. 미국 정치에서도 지금 그런 충동이 보입니까?

데이비드 브룩스

네, 제가 사회적 신뢰를 연구하면서 배우게 된 건 사회적 신뢰는 사회가 민주주의냐 아니냐와는 상관관계가 없다는 점입니다. 전 세계에서 가장 신뢰도가 높은 나라, 국민이 정부를 가장 신뢰하고 서로를 가장 신뢰하는 나라는 바로 중국입니다. 중국이 지난 몇십 년 동안 거대한 경제 성장을 일궈냈기 때문이죠. 누군가가 성장과 번영을 제공한다면 국민은 그 사람을 신뢰하게 됩니다.

페리클레스 시대의 아테네, 유럽을 휩쓸었던 흑사병으로 거슬러 올라가 보면 수 세기 동안 여러 번의 팬데믹이 사회를 분열시켰습니다. 대니얼 디포는 17세기 영국에서 흑사병에 대한 글을 써서 모두가 서로를 어떻게 배신했는지 알렸습니다. 누가 병에 걸렸는지 알 수 없었던 때에 사람들은 자기 가족마저 감금했습니다. 사회적 신뢰가 해체되었기 때문이었죠. 솔직히 이번 팬데믹이 시작되었을 때 저는 그런 일이 더 많이 일어나리라고 예상했습니다. 하지만 그런 일이 보이는 것 같지는 않습니다. 미국에 독재주의를 향한 충동이 있는 만큼, 가장 독재적이었던 사람이 지금은 완전히 무능하다는 사실은 축복입니다. 그 인물이 독재주의에 오명을 씌우고 있으니 그나마 낫다는 게 제 생각입니다.

러디어드 그리피스

바이든 후보가 대통령이 되면 소득 재분배에 대한 압박이 어느 정도나 있게 될까요? 미국인 3000만 명이 실업자인 반면 세계 최고의 갑부들은 약 5000억 정도를 더 벌어들인 이런 상황에서 말입니다. 주식 시장은 연방준비은행의 이례적인 조치 덕분에 2019년 수준으로 다시 치솟았습니다. 샌더스 식 추동력은 이미 지나가 버렸다고 보십니까? 아니면 이 위기로 인해 경제적 격차가 벌어지면서 다시 출현할 수도 있다고 보십니까?

데이비드 브룩스

잠시 시간을 되돌려서 1991년 8월로 돌아갈 수

있다면 저는 소비에트 연방에서 미하일 고르바초프에게 반대하는 쿠데타를 지켜보고, 독립 투표가 진행 중인 우크라이나로 내려갈 겁니다. 제게는 그것이 탈냉전 시대 이상주의로는 최고 수위였습니다. 저는 글로벌화가 작동하게 될 것이고, 테크놀로지가 우리를 통합할 거라고, 모두가 글로벌화된 경제에서 번영할 거라고, 역사가 평화로운 종결을 맞이하게 될 거라고 믿었습니다. 순진한 글로벌화의 시대였고, 제 생각엔 저도 그 일부였습니다. 그리고 모든 것이 무너져 내리기 시작했습니다.

유고슬라비아 내전이 일어나면서 무너져 내립니다. 러시아와 중국이 노선을 바꾸면서 무너져 내립니다. 2008년 금융 위기로 무너져 내립니다. 이라크 전쟁으로 무너져 내립니다. 우리는 순진한 글로벌화의 그늘에서 살고 있습니다. 그 에너지는 미국의 양대 정당에서, 그리고 그밖의 모든 곳에서 "좋아, 다음으로는 뭘 해야 하지?" 같은 말에 담겨 있습니다. 샌더스는 글로벌화와

1990년대의 이데올로기에 대한 분명한 대안을 내놓았습니다. 솔직히 트럼프 대통령도 그랬습니다. 저는 버니 샌더스가 물러설 거라 생각하지는 않습니다만, 그가 예비 경선에서 이기지 못한 데에는 이유가 있다고 생각합니다. 이런 이유에서입니다. 사람들은 불평등을 좋아하지 않고 저도 상속세 제도에 완전히 만족합니다만, 다들 빌 게이츠를 싫어하지는 않습니다. 다들 워렌 버핏을 싫어하지 않습니다. 다만 안전하기를 바랄 뿐입니다. 어떤 사람들은 보편적 기본소득을 바랍니다. 어떤 사람들은 일종의 급여 보조금을 바랍니다. 근로소득세 감면 같은 것 말입니다. 제가 바이든이라면 그런 면을 강조할 겁니다. 솔직히 전국을 돌아다니다 보면 사람들은 월스트리트 증권가에 대해 이야기하지 않습니다. 사람들은 월가를 좋아하지는 않지만 마음속에서 가장 중요한 부분도 아닙니다. 사람들에게 가장 중요한 건 "내가 할 일을 한다면 우리 가족을 부양할 수 있을까? 학위를 따고 좋은 직장을 얻을 수 있을까?"입니다. 그러니 저는 바이든 행정부가 샌더스의 주문mantra을 너무 많이 받아들이는 것에 신중했으면 합니다.

좌파의 미래는 좌파 계급 투쟁을 덜어내고 "성장합시다. 일자리를 창출합시다"라는 쪽으로 더 많이 가야 합니다. 바이든이 이를 잘 처리해낸다면 민주당을 오랫동안 괴롭혀온 이데올로기 싸움을 피하는 방법이 될 겁니다. 팬데믹이 지나가고 난 이후 미래의 질문은 이래야 할 겁니다. 어떻게 하면 사람들이 괜찮은 삶을 영위할 수 있도록 안전한 기반을 제공할 수 있을까?

러디어드 그리피스

굉장한 통찰, 굉장한 분석입니다, 데이비드 씨. 예전에 미국이 어떤 면에서는 길을 잃은 것 같다고 지적하신 적이 있죠. 이번 팬데믹으로 벌어진 일이 미국 사회 전반이 개인과 사회에 중요성을 두는 일에 다시 집중하는 데에 보탬이 되었다고 보십니까? 제 느낌에 데이비드 씨는 그래도 낙관적이신 것 같은데요. 저는 그 이유가 궁금합니다.

데이비드 브룩스

네, 저는 낙관적입니다. 저는 이번 팬데믹이 시작되면서 생각했습니다. 코로나가 우리를 흥하게 할 것인가 망하게 할 것인가. 망하게 할 가능성도 충분합니다. 지금 그런 상태죠. 하지만 저는 전국 곳곳에서 지역 단위 해결책을 지켜보고 있습니다. 볼티모어에서는 새로운 식품 유통망을 만들고 있습니다. 저는 캘리포니아 산 호세에서 한 젊은이와 이야기를 나눈 적이 있습니다. 그 젊은이는 여름방학 동안 가정에 제대로 된 온라인 교육 선택권을 제공하는 스프링보드라는 이름의 프로그램을 만들었습니다. 부모들을 압박해서 하루에 20시간씩 머물게 만드는 교육 프로그램이 아니라, 사람들이 하게 될 일에 관해 인간적이고도 현실성 있는 교육을 제공하는 프로그램입니다. 제가 만났던 많은 사람이 이렇게 생각하더군요. "이제 내 생활은 더 지역 위주로 이루어지고 있어. 그리고 더 단합되는 느낌이야." 이번 주에는 여론조사원과 이야기를 나누었어요. 그는 사람들에게 이렇게 질문하고 있었습니다. "우리는 과거보다 더 단합되었나요, 아니면 더 분열되었나요?" 이전보다 더 단합되었다고 생각하는 사람이 두 배 더 많았습니다.

그래서 어느 정도 함께할 수 있겠다는 느낌이 들었습니다. 가치에 대한 재검토가 있었죠. 팬데믹 이전에 사람들은 어떻게 성공했습니까? 미국에서는 어떻게 명성을 얻었습니까? 고등학교에서 좋은 성적을 받고, 아이비리그 명문대학교에 들어가고, 골드만 삭스에서 화려한 일자리를 얻어서였죠.

그런 특권의 사다리는 걷어차였습니다. 이제는 간호사가 더 많은 특권을 누립니다. 이제 식품점 노동자가 더 많은 특권을 누립니다. 버스 운전사가 더 많은 특권을 누립니다. 지나치게 흥분하고 싶지는 않지만 상황이 바뀌고 있다는 생각이 듭니다. 이전에 있던 자리로 돌아갈 수 없을 거라는 의식이 보편적이죠. 리셋이 필요해요.

러디어드 그리피스

팬데믹에 막대한 관심이 쏠리는 바람에 잊혀지게 될 중요한 이슈가 있다면 무엇일까요?

데이비드 브룩스

지금 막 떠오른 한 가지는 교육입니다. 저는 온라인 수업이 제대로 이루어지고 있다고 생각하지 않습니다. 아주 강하게 동기 부여가 된 극소수의 학생에게는 괜찮습니다만, 대부분의 학생에게는 유용하지 않습니다. 이미 교육적으로 불리한 아이들이 훨씬 뒤처지게 된다는 점이 염려됩니다.

저는 진행 중인 어떤 운동 하나에 관심을 갖게 되었습니다. 교육 다원주의educational pluralism라는 이름의 운동인데요. 미국에서 우리는 산업적인 모델을 학교에 채택해서 전국 곳곳에 투자를 했습니다. 그러면서 학교들이 꽤 비슷비슷해졌죠. 하지만 교육 현장에서 제가 창의성을 목격한 건 뚜렷이 구별되는 문화가 있는 작고 독특한 학교에서였습니다. 학생에게 강한 영향을 미치고 있는 학교를 들여다보면 학교 본연의 상태에 있는 것을 두려워하지 않습니다. 학교들이 조금 더 작으면서도, 더욱 독특해지는 것이 허용되는, 그래서 지역 공동체의 특성을 실제로 반영하는 것이 허용되는 세상이 오기를 저는 몹시 바라고 있습니다. 지금처럼 교사들과 부모들이 공유하는 것이 거의 없고, 교장 선생님이 지역 사회의 어른이 아닌, 뚝 떨어져 존재하는 외부의 섬처럼 되는 것이 아니라요. 저는 이 문제가 다른 모든 문제에 묻혀 간과되고 말까 봐 걱정스럽습니다.

러디어드 그리피스

전에도 이 문제를 언급하셨죠. 보편적 기본소득에 대해서는 어떻게 생각하시는지 궁금합니다. 기본소득은 논의되고 있나요? 아니면 계속 유지될 수 없는 경제적 사회적 투자인 건가요?

데이비드 브룩스

제가 말할 수 있는 건, 네, 논의되고 있습니다. 1~2주 전에 영국에서 있었던 투표를 지켜보았습니다. 보편적 기본소득 지지자는 예상을 뛰어넘는 숫자더군요. 70퍼센트였어요. 제 생각에는 많은 사람이 쓱 훑어보고 나서 이렇게 말했을 겁니다. "어머, 여기서 나도 한몫 챙길 수 있겠군." 민주당 정치인 여럿과 이야기를 나누면서 일이 핵심 가치라고 들었습니다. 사람들은 돈을 벌려고 일을 하고, 사회 속에 자기 자리를 마련하려고 일합니다. 그러니 임금 혜택과 보조금을 제공하고자 한다면 노동과 결부시켜야 합니다. 그러지 않으면 이렇게 생각들을 할 테니까요. "나랑 상관없군." 그래서 저는 보편적 기본소득이 노동 윤리를 축낼까 봐 참으로 걱정스럽습니다.

지금은 일자리가 없어진 위기의 시대입니다. 아무 일도 하지 않는 사람들에게 돈을 지급하는 건 마땅히 해야 할 일입니다. 하지만 장기적으로는 일하지 않거나 암시장에서 일하면서 보편적 기본소득을 지급받는 선택권을 기본으로 부여하는 것이 걱정스럽습니다. 저는 일주일에 40시간 일하는 사람들이 괜찮은 수준의 생활을 영위할 수 있게 하는 급여 보조금을 지지합니다. 일의 문화적 가치는 정말이지 크게 나뉘고 있다고 봅니다.

러디어드 그리피스

코로나가 결국에는 자본주의의 지독한 불평등을 대중에게 일깨우게 될 거라고 생각하는 사람이 많습니다. 어떻게 하면 가장 취약한 계층이 겪는 어려움을 우리 정치와 문화에서 진짜 최우선 순위에 두게 할 수 있을까요?

데이비드 브룩스

지난 60년 동안 사회의 상위층 사람들에게 내날릴 여지를 마련해 주고, 교육 기회를 제공하고, 자기 일을 할 수 있는 열린 공간을 내어주는 면에서는 곧잘 해왔다고 생각합니다. 유감스럽게도 상위 20퍼센트가 사회 구조를 만들었고, 그 결과 하위 80퍼센트는 특정 학교에 들어가기도, 특정 직업을 얻기도 어렵습니다. 따라서 최상위층에 있는 사람들은 다수가 위험으로부터 분리

되어 있지만 하위 80퍼센트의 사람들은 높은 위험에 직면해 있으면서도 받는 보상은 낮은 수준입니다.

이같이 위험에 따른 보상이 뒤바뀌는 현상은 중요하게 짚어볼 사안이지만 제가 보기에는 그 누구의 잘못도 아닙니다. 사람들은 그저 경쟁했을 뿐입니다. 그들은 자기 자녀들에게 유리한 고지를 대물림했습니다. 그러면서 고학력층을 위한 안전한 피난처를 만들었습니다. 물론 저도 거기에 속해 있습니다. 하지만 하위 80퍼센트의 사람들에게 보상을 높이고 위험을 낮추도록 사회를 바꾸는 일이 미래를 위해 논의되어야 합니다. 그 일에 우선순위를 두기 위해 우리가 어떻게 해야 하는지를, 우리가 신봉하고 있는 능력주의를 재고해야 합니다.

누구나 열심히 일하면 자본가가 될 수 있는 자유시장 경제를 갖추려면 정부가 어떻게 바뀌어야 하는지 다시 생각해 봐야 합니다. 우리는 방금 막다른 길에 이르렀고, 방식은 달라도 우파나 좌파 모두 이를 인식하고 있습니다. 그렇기 때문에 저는 변화가 오고 있다고 생각합니다. 이 변화는 괴로운 것일 수도 있습니다. 하지만 변화는 반드시 필요하다고 생각합니다. 격동의 10년이 펼쳐질 겁니다.

러디어드 그리피스

데이비드 씨, 이 자리에 나와주시고 긴 시간 함께 해 주셔서 대단히 감사합니다. 정말 멋진 대화였어요. 많이 배웠습니다.

데이비드 브룩스

저도 즐거웠습니다.

IAN BREMMER

이안 브레머와의 대화

러디어드 그리피스

오늘 밤에는 지정학, 위기, 오늘날의 국제 사회가 숙고해야 할 빅 이슈와 빅 아이디어 면에서 전 세계에서 가장 뛰어난 사상가 중 한 분을 모셨습니다. 바로 이안 브레머 씨입니다. 정치학을 전공하고 스탠퍼드대학교에서 박사학위를 받으셨죠. 세계 최고의 리스크 분석 기업인 유라시아 그룹을 창립한 회장님이자 〈뉴욕타임스〉 베스트셀러 작가십니다.

6월의 빅 뉴스는 미국을 뒤흔든 시위였습니다. 위기에 대해 깊이 생각하시는 분으로서, 이번 시위가 불평등, 대량 실업의 공포, 팬데믹이 라는 측면에서 현재 미국이 직면한 위험에 대해 무엇을 말해주고 있다고 보십니까?

이안 브레머

놀라실지 모르겠지만 저는 이 소동이 미국의 정치 제도가 얼마나 회복력이 있는지를 보여준다고, 이 제도가 더는 다수의 미국인을 위해 제 역할을 하지 않는다는 게 아주 분명하다 해도 회복력만큼은 사실이라는 이야기로 시작해 보려던 참입니다.

미국 내의 구조적 불평등이 굉장히 커졌고, 흑인들에게는 특히 더 그랬다는 사실을 수십 년 동안 알고 있었습니다. 미국은 꽤 강력한 성장을 거듭해 왔지만, 노동 계층과 중산층의 임금은 미국 역사가 200년이 되던 1976년 이후부터 계속 정체 상태였습니다. 앞에서는 일찌감치 선진 산업 민주주의를 이끄는 이 나라에서, 특히 아프리카계 미국인은 최고로 높은 수감률을 보이고 있습니다. 가장 높은 실업률과 최악의 의료 서비스, 최악의 치안과 법률 제도도 흑인 몫입니다.

이제 이번 팬데믹에서도 미국 흑인은 최악의 고통을 겪고 있습니다. 인구밀도가 훨씬 높은 구역에 살고 있으며 큰 집에 살 가능성이 낮아 사회적 거리두기 동안에 더 힘든 시간을 보내고 있습니다. 의료 환경은 바닥이고, 병에 걸려서 증상이 나타나면 더 많은 수가 죽음에 이릅니다. 지식 경제에 진입할 가능성도 낮습니다. 이 말은 인당 기준으로 볼 때 흑인이 백인보다 더 높은 비율로 일자리를 잃고 있다는 뜻입니다. 게다가 일자리를 잃지 않은 사람들도 재택근무보다는 출근하는 일을 해야 해서 위험에 노출되어 있습니다.

이런 것들이 전부 모여 엄청난 양의 불쏘시개가 되어 있다가 불이 붙습니다. 뭐든 불꽃이 될 수 있었겠지만 우연히도 이번에는 9분 동안 목이 졸려 질식사로 잔인하게 살해되고 그 장면이 촬영된 한 남자였죠. 아무도 경찰들에게 아무 조치도 하지 않습니다. 남자를 죽인 경찰 한 명과 현장에 있던 다른 세 명은 살해 사건이 일어나는 걸 막으려 하지 않습니다. 국가의 조치를 강하게 요구하는 폭력 시위가 열리기 전까지는요.

이런 시위는 놀라운 일이 아닙니다. 이번에 우리가 겪고 있는 위기가 이런 문제들을 실제로 눈에 띄게 바꿔서 일부 해결할 수 있을 만큼 충분히 큰 위기인지가 관건입니다.

러디어드 그리피스

지난 몇 주 대담을 진행하면서 여러 번 반복해서 제기된 문제로 이번 팬데믹이 민주주의에 엄연히 부과하는 압력이 있었습니다. 민주주의 제도가 시험대에 올랐습니다. 그중 많은 부분이 부족하다는 게 밝혀졌습니다. 이번 바이러스를 진압하고 사회 질서를 유지하고 국제적으로 힘을 행사하는 데에 있어 놀라운 일을 해내고 있는 듯한 중국 같은 독재 국가에 대비해 볼 때, 코로나의 영향 아래 서구 민주주의의 미래가 어떤 모습일지 걱정하고 있지는 않으신지요? 코로나 이후 시대에 독재 대 민주주의의 균형에 관해 어떤 갖고 계십니까?

이안 브레머

10년 전만 해도 새로운 테크놀로지는 자유 민주주의를 진정으로 조력하고, 권위주의 정권에 흠집을 내고 있었습니다. 테크는 커뮤니케이션 혁명과 사람들에게 정보를 제공하는 걸 의미했습니다. 정보를 통제해야만 하는 북한에는 위협이 되었죠. 중국에도 위협이 되었습니다. 그래서 중국은 '만리 방화벽Great Firewall'이라는 검열 제도를 구축해야만 했습니다. 그런 커뮤니케이션 기술, 예를 들어 소셜미디어는 2010년의 아랍의 봄과 2003년의 장미 혁명, 2004년의 오렌지 혁명 등을 가능하게 했습니다.

오늘날 테크놀로지는 감시나 빅데이터에 훨씬 더 가까워졌습니다. 실제로 권위주의에 힘을 실어주고 있죠. 소셜미디어를 비롯한 각종 정보기술은 클릭과 광고 수주에 휘둘리며 시민 사회와는 무관한 비즈니스 모델, 이윤 극대화를 중심에 둔 비즈니스 모델로, 시민 사회에 의도치 않은 해악을 끼치고 있습니다. 권위주의 국가에 도움이 되고 민주주의에 상처를 입히게 된 정말 커다란 변화였습니다.

그리고 두 번째 트렌드가 생겨났습니다. 신흥 시장으로 노동력이 이전하고, 부유한 국가의 수많은 중산층을 희생시켜 글로벌 중산층을 확대하는 쪽으로 환경이 바뀌어 가고 있습니다. 이 시대의 테크놀로지 혁명이 초래한 자동화로 많은 사람이 일자리를 잃게 될 겁니다. 이런 추세는 코로나 바이러스로 인해 극적으로 가속화할 겁니다. 테크놀로지와 디지털 경제가 최고의 승자니까요.

선진 산업 민주주의 국가에서 완전 고용은 구조적으로 훨씬 줄어들 겁니다. 정부는 완전 고용을 보장하지도 않고 보편적 기본소득을 제공하지도 않습니다. 그 대신 창조적 파괴를 제시합니다. 창조적 파괴란 어떤 회사가 무너지면 더 생산성이 높은 회사가 생겨난다는 뜻입니다. 하지만 노동자, 근로자, 자본이 서로 붕 떠 있는 상태가 된다면 사람들에게 어떤 일이 일어날까요? 글쎄요, 중국식 체제에서 살고 싶다는 뜻이 아니라는 점을 믿어 주시기 바랍니다. 중국은 실제로 완전 고용을 보장하려 노력하고 있습니다. 효율적이 않더라도 말입니다. 그것이 바로 국가 자본주의입니다. 그들은 자본을 비효율적인 조직에 투입해서 실업자가 없도록 유지합니다.

이제 두 가지 거대한 구조적 변화에 직면했다고 생각합니다. 두 가지 모두 테크놀로지에 좌우되며, 솔직히 지난 10년간 권위주의 국가를 강화하면서 시민 사회와 민주주의를 약화시켰습니다. 분명히 말해 두지만 미국이나 캐나다나 그 밖의 산업화된 민주주의 선진국들이 곧 실패하거나 붕괴하거나 권위주의로 돌아설 거라고는 생각지 않습니다. 제가 정말 생각하는 건 다른 나라들, 조금 더 가난한 나라들, 현재 불확실한 상태에 있는 나라들이 어떤 방향으로 나아가야 할지를 고민하고 있다는 점입니다. 인도, 브라질, 터키 같은 나라에는 권위주의 모델이 점점 더 매력적으로 보일 거 같습니다. 미국이 현재 국내에서든 국제적으로든 본보기가 되어 이끌어나가고 있지 못하는 건 확실하니까요. 따라서 코로나 바이러스 위기가 보건 면에서나, 경제 면에서나, 사회적 반대 의견 면에서도 그같은 트렌드를 앞당기게 되어 10년이 걸릴 변화를 18개월로 단축시키고 있습니다.

러디어드 그리피스

정말 흥미로운 통찰입니다. 이처럼 자동화와 높은 실업률, 그 밖에도 팬데믹 이전부터 있던 균열이 미국 국민을 깊숙이 관통하는 시대를 겪으면서도 미국의 시민 사회가 한데 뭉칠 수 있는 능력에 대해서는 어떤 생각을 갖고 계십니까?

이안 브레머

이번이 평생 겪어본 위기 중 가장 파괴적이고 가장 큰 위기입니다. 우리는 거대한 팬데믹을 겪고 있습니다. 대침체보다도 더한 경기침체를 겪고 있습니다. 이것을 공황이라고 부르기로 합시다. 대공황 정도로까지는 안 가겠지만요. 전국 곳곳에서 산발적인 시위가 벌어지고 있습니다. 팬데믹이 불평등을 더 심화시키고 노동 계층 중산층의 부담을 가중시키고 그들 중 많은 사람이 일자리를 잃게 되리라는 데에는 의문의 여지가 없습니다만, 그런 일이 금방 일어나지는 않을 겁니다. 적어도 전국적으로 백신이 접종될 때까지는 아니겠죠. 우리 정부가 이번 위기의 첫 3개월 동안 해왔던 구호 활동과 장려책을 향후 2~3년 동안에도 제공할 수 있을지 모르겠습니다.

훨씬 더 나빠지고 나서야 비로소 상황이 호전될 겁니다. 저는 이 나라와 전 세계의 미래 경제에 대해 현재 시장 지표에 드러나 있는 것보다도 상당히 더 비관적입니다. 하지만 또한 이렇게도 생각합니다. 이번이 골디락스 위기(물가 상승이 우려될 만큼 과열되지도 않고 경기 침체가 우려될 만큼 냉각되지도 않은 경제 상태로, 여기에서는 너무 크지도 너무 작지도 않은 위기라 개혁에 나설 만하다는 뜻으로 쓰였다-옮긴이)일 수 있기 때문에 진정한 기회가 있다고 말입니다. 다시 말하면 현재의 고장난 제도 일부를 개혁하게 할 만큼 충분히 큰 위기입니다. 2008년 금융 위기는 충분히 크지 않았습니다. 2009년, 2010년까지 경제는 다시 정상화되었습니다. 따라서 오바마 대통령은 인프라에 대해 걱정하지 않아도 되었고, 정말로 처리하고 싶어 했던 보건 정책으로 되돌아갔죠. 구조적 불평등을 근본적으로 해소해야 할 압박이 없었습니다. '월가를 점령하라 Occupy Wall Street' 시위는 강력한 힘이 되지 못했으니까요. 그 때문에 트럼프 대통령을 맞이하게 되었습니다. 그 때문에 버니 샌더스를 맞이하게 되었고, 브렉시트를 맞이하게 되었고, 캐나다마저 지금 같은 모습으로 분열되어 버렸습니다.

또한 국제적인 시각에서 볼 때 2020년 현재 글로벌 환경에서 작동할 연합체를 만들고 싶다면 NATO(북대서양 조약 기구)를 만들면 안 됩니다. 러시아와 동구권보다는 중국에 집중해야 할 겁니다. 일본은 연합체에 들어올 겁니다. 한국도 그럴 거고요. 이 연합체는 재래식 무기와 핵무기를 중심으로 만들어지지는 않을 겁니다. 테크놀로지, 사이버, 5G, IP(지적 재산) 경제, 공급망, 그리고 아마도 노동에 중점을 둘 것입니다. 지금의 NATO와는 그야말로 비슷한 점이라고는 전혀 없을 겁니다. 작금의 환경은 많이 바뀌었습니다. 하지만 제도나 기구는 달라지지 않았습니다.

그러니 러디어드 씨, 이 위기가 앞으로 3년 이상 진전되면서 이런 근본적인 이슈들을 처리하고 국내 제도와 국제 조직을 정말로 개혁할 수 밖에 없을 정도로 충분히 큰 위기라는 게 밝혀지는 데에 희망을 걸고 있습니다.

러디어드 그리피스

제가 이안 씨와의 대화를 정말 좋아하는 이유가 이런 건데요. 이안 씨는 개혁을 바라시잖아요. 우리가 어른이 된 이후 계속 들어왔던 글로벌화의 종말이라는 이안 씨의 분석을, 이제는 다들 웬만큼 이해했을 겁니다. 지난 10년 동안 이 아이디어를 이끌어 오셨는데요. 이에 대한 의견은 어디쯤와 있을까요?

이안 브레머

분명히 해 두겠습니다만, 글로벌화의 일부는 끝나지 않고 있습니다. 실은 가속화되고 있어요. 글로벌 에너지 시장은 이전보다는 대단히 분산되고 있습니다. 사우디와 러시아는 서로에 대해서, 그리고 정확히는 미국과 경제 전쟁을 벌였습니다. OPEC이 제 기능을 못하기 때문에, 미국이 현재 전 세계에서 가장 큰 에너지 생산국이기 때문에 그렇습니다. 에너지 가격은 적어도 시장이 더욱 글로벌화되었기 때문에 더 낮아졌습니다. 저는 이게 바뀔 거라고는 생각하지 않습니다.

하지만 IT, 월드와이드웹은 말 그대로 둘로 쪼개지고 있습니다. 모든 사물에 칩이 들어 있는 완전한 사물인터넷과 더불어 테크놀로지 냉전 시대에 돌입하고 있습니다. 우리가 사는 집, 스마트워치, 생체 데이터, 스마트시티는 중국식 시스템을 기반으로 하거나 대체로 미국이 주도하는 서구 시스템을 기반으로 하는 것, 둘 중 하나입니다. 이는 글로벌 경제의 큰 부분을 둘로 나누는 일에 그치는 게 아닙니다. 어떤 나라가 중국의 일대일로에 들어 있는 항구를 건설한다면, 중국은 그 나라에 더 많은 영향력을 행사하게 되겠지요. 하지만 누구나 그 항구를 이용할 수는 있습니다. 하지만 두 개의 서로 다른 테크 시스템이 있다면 어떤 제품을 사용자들이 보게 될지를 걸러내는 필터뿐 아니라 누가 사용자들을 감시하고, 데이터를 수집해서 수익화하는지까지도 영향을 미칩니다. 이것이 2020년 경제의 가장 최신 단면입니다. 훨씬 더 전략적이고 구조적이 되어 갑니다. 그리고 이는 둘로 나뉘어지고 있습니다. 마크 저커버그는 만다린어를 배웠고, 시진핑에게 새로 태어난 자기 딸에게 중국식으로 상징적인 이름을 지어달라고 개인적으로 부탁하기까지 했습니다. 대기업의 CEO가 공개적으로는 좀처럼 내보이지 않는, 아첨에 가까운 태도였죠.

또한 우리 시스템은 적기 공급망을 지향해 왔습니다. 기업들이 창고에 저장할 필요가 없다는 뜻입니다. 기업이 가능한 한 매끄러운 글로벌 공급망을 갖추기만 하면 모든 것을 중국과 개발도상국에서 만들 수 있다는 겁니다. 그곳의 노동력이 더 싸니까요. 자, 이제 여러 가지 이유로 이런 상황에서 멀어지고 있습니다. 첫째, 노동 비용이 점점 상승했습니다. 둘째, 노동력 수요가 줄어들었습니다. 기업이 노동력을 대체할 수 있으니까요. 특히 인공지능과 딥러닝 기술로요. 셋째, 중국인은 미국이나 서구식의 법규 규범이나 독립적인 사법부에 구애받지 않았고, 그러다 보니 중국 기업은 더 강해지고 경쟁력이 더 커지게 되었습니다. 넷째, 미국은 중국과 대판 싸움을 벌이고 있고, 상호 연결은 약화될 것입니다. 다섯째, 이 위기의 결과로 내국인들은 기업에 엄청난 압박을 가할 겁니다. 이렇게 말할 거예요. "이봐, 우리 돈을 원해? 자본과 노동을 우리나라로 되돌려 놓으라고."

글로벌화를 지향하는 수많은 활동이 균등한 배분은 전혀 이루지 못했지만 엄청난 효율성과 경제 성장을 창출했다고 생각합니다. 그리고 지금은 이를 되돌리려 하고 있습니다. 효율성이 떨어지는 글로벌 경제로요. 경제 성장이 어느 수준에 있든 성장에 따르는 리스크가 더 커졌고, 따라서 전 세계적으로 성장 수준이 낮아질 거라는 겁니다. 미국과 중국 사이에 분쟁 가능성이 커져가고 있다는 뜻이기도 합니다.

이 때문에 저는 중국이 발전할 가능성을 낮게 보고 있습니다. 미국과 중국 사이에 테크를 놓고 분쟁이 있다면, 캐나다 사람들이 어느 쪽을 택하게 될지 저는 압니다. 여러분에게는 선택의 여지가 없죠. 일본이 안보 우산(미국)과 함께할 거라는 것도 압니다. 영국와 오스트레일리아가 어디로 향할지도 압니다. 독일과 프랑스가, 그리 탐탁하지 않으면서도 어느 편을 들지도 알고 있다 생각합니다.

독일은 최근에 감염 경로 추적을 애플과 구글로 바꾸었습니다. 이제 돌아선 거죠. 독일은 미국 편에 서게 될 겁니다. 즉 미국은 부유한 나라들을 자기편으로 삼고, 중국은 중국에 엄청난 부채를 지고 있지만 아마 그 부채를 갚을 여력은 없는 나라들 모두를 한편으로 삼는다는 뜻입니다. 글로벌화가 되돌려지는 결과로서 중국 내에서나 전 세계적으로나 이번 위기로부터 중국이 얻게 될 포트폴리오가 어느 정도나 될지는 저도 확신할 수 없습니다. 글로벌화가 되면서 미국이 엄청난 이득을 얻었지만, 글로벌화가 없었다면 중국에는 글로벌 중산층이 없었을 겁니다. 중국은 거대한 소비자층을 얻었지만, 거대한 문제도 함께 떠안게 되었습니다.

러디어드 그리피스

탈글로벌화, 포퓰리즘의 부상, 사회 불안 증대를 겪고 있는 젊은 세대에게 조언을 해주신다면요? 어떻게 하면 소수만이 아니라 모두에게 더욱 공정한 사회를 만들까요? 이 세계를 이해하고자 애쓰는, 지금 20대 젊은이들에게 어떤 조언을 해주시겠습니까?

이안 브레머

이상주의적인 조언을 먼저 하고 나서, 직업에 대

해 조언을 하겠습니다. 이상주의적인 조언은 지금이 비상 시국이고 글로벌 질서를 재정립할 기회라는 겁니다. 우리 평생에 지금 같은 시기는 없었습니다. 심지어 소련이 붕괴되었을 때조차도요.

오늘날 여기 이 세상에서 제기되는 흥미로운 질문이 있습니다. 기후변화에 대응하는 새로운 기구를 만들 수 있을까요? 아니면 WTO(세계무역기구) 대신에 WDO, 즉 세계데이터기구를 세울 수 있을까요? 각 경제의 미래는 어떻게 될까요? 어떤 규제를 받게 될까요? 사람들에게 어떤 혜택을 제공할까요? 보편적 기본소득이나 보편적 평생 교육이 필요할까요? 전부 새로운 것들입니다, 그리고 젊은 사람들이 해결책을 추진하게 되겠지요. 얼마나 흥분되는 일인가요! 이런 변화의 장에 있다는 것만으로도 굉장히 신나는 그런 시기입니다.

하지만 현실적인 직업과 관련한 조언을 하자면 여러분이 지닌 콘텐츠가 아무리 뛰어날지라도, 아무리 커뮤니케이션을 잘하더라도, 이 두 가지는 모두 몹시 중대하고 중요합니다만, 지금 같이 계층화된 세상에서 게이트키퍼(사회적 사건이 매체를 통하여 대중에 전달되기 전에 취사선택하고 검열하는 직책이나 그런 기능-옮긴이)에게 접근하지 못하면 완전히 망한 겁니다. 저는 프로젝트를 하면서 성장했고, 제게는 게이트키퍼가 없었고, 제가 그걸 간신히 만들었습니다. 그렇지만 저 같은 배경의 사람이 오늘날 성장한다면 그 사람이 제 자리까지 올 수 있을지는 확실치 않습니다. 시스템이 어떻게 돌아가고, 여러분의 취업과 성공적인 경력에 관한 결정을 내리는 사람이 누구인지, 그들이 무엇을 중요하게 여기는지, 누가 그들에게 접근하는지, 그리고 어떻게 하면 여러분이 그들 눈에 들어서 그들이 뭔가 해주면서 여러분을 돕거나, 여러분의 경력을 높이거나, 여러분이 이 관문들을 통과하게 해줄지, 그런 것들을 배우는 게 결정적으로 중요하다는 걸 이해해야만 합니다. 수많은 젊은이가 더욱 이상적인 일과 비교해서 지금 말한 일들을 폄하하는 조언을 듣습니다. 자수성가해서 회사를 세운 사람으로서 저는 이상적이지 않은 조언이 결정적으로 중요하다고 생각합니다. 정말로 그렇습니다.

러디어드 그리피스

이안 씨, 감사합니다. 두 가지 조언을 같이 들려주시니 좋네요. 엘리트 중심제로 돌아가는 세상에서 일이 얼마나 힘들고 어려운지 일러주는 냉정한 현실주의도 들어가 있고요. 향후 5~10년 동안 글로벌 환경은 어떻게 펼쳐질까요? 누가 승자가 되고 누가 패자가 될 거라 보십니까?

이안 브레머

명확히 해두겠습니다. 이번 위기에서는 어느 나라도 승자가 아닙니다. 팬데믹의 타격을 받기 전보다 모든 나라가 형편이 더 나빠졌습니다. 하지만 다른 나라보다 형편이 나은 나라는 있겠죠. 중국은 더 나을 겁니다. 중국은 테크놀로지로 무장한 감시국가라서 격리도 가능하고, 별다른 제

약 없이 실험도 가능하고, 국민이 따르지 않을 경우 처벌도 가능합니다. 또한 기술 진보의 도움으로 디지털 일대일로에 동조하게 될 가난한 나라들과 함께할 겁니다.

미국은 최고의 승자가 될 겁니다. 국제 통화로서 달러가 갖는 위상은 이 위기를 벗어나면 위기에 진입했던 시점보다, 일본 엔화나 영국 파운드와 유로, 그 밖의 어느 주요국 통화 대비 더 강력해져 있을 겁니다. 미국은 에너지 수출국이자 식량 수출국입니다. 또한 미국의 빅테크 기업이 갖는 이점은 코로나 바이러스로 인해 전략적으로 엄청나게 더 중요해질 겁니다. 이번 와해로 유럽, 캐나다, 그밖의 다른 나라도 미국에 더 의존하게 될 겁니다.

위기가 진행되는 동안 국가를 잘 운영했기 때문에 상대적인 승자가 될 나라들이 여럿 있습니다. 브라질은 정말 형편없었죠. 파키스탄과 멕시코도요. 한국, 독일, 베트남, 싱가포르, 대만은 대단히 잘 운영되었습니다. 노르웨이, 아이슬란드, 뉴질랜드도요. 여러 나라가 과학에 집중해서 잘해오고 있습니다. 검사를 재빨리 시행하고, 감염 경로를 추적하고, 과거 사스, 메르스, 신종플루에서 알려진 사실들을 배웠습니다. 이 나라들은 비교적 잘 해낼 겁니다. 앙겔라 메르켈이 80퍼센트의 지지율을 업고서 유럽 통합을 이루고 구제금융 체계를 수립하는 일을 능히 해낼 수 있다는 걸 다들 알고 있습니다. 마음에 둔 후임자를 자리잡게 할 수 없었고, 시리아 난민을 모두 받아들인 후에 너무나 많은 지지를 잃어버렸던 6개월 전만 해도, 이런 일을 해낼 거라고는 아무도 생각지 못했었지만요.

마지막으로 들으면 놀라실 만한 흥미로운 지역 이야기를 하고 싶습니다. 바로 아프리카 사하라 사막 이남입니다. 어느 정도는 세계화에 많이 노출되지 않았기 때문이기도 한데요. 에티오피아 인구는 1억 명을 넘어섰고, 대부분 지역 농업을 기반으로 합니다. 에티오피아를 드나드는 여행객은 그리 많지 않습니다. 이 나라 인구 구성은 정말 젊습니다. 평균 연령이 19세 정도에요. 탄탄한 의료 체계를 갖추지 못하고 있고, 에티오피아인이 코로나 바이러스에 걸리게 되면 모두 다 걸릴 겁니다. 사회적 거리두기를 하지 않고, 검사도 안 하니까요. 하지만 죽는 사람은 거의 없을 겁니다. 저는 사실 사하라 이남 아프리카가 평상시에는 훨씬 더 나쁜 상태이고 지쳐 있지만, 중간 소득 정도의 개발도상국보다는 이번 팬데믹으로부터 빨리 벗어날 것이고 어려움도 덜 겪을 것이라고 생각합니다.

러디어드 그리피스

글로벌 정세를 멋지게 그려 주셨네요. 엄청난 실업률 수치가 보편적 기본소득으로 이어지게 될 거라고 보십니까?

이안 브레머

제 친구 앤드류 양은 보편적 기본소득을 계속 지지했습니다. 사람들이 기대한 것보다 훨씬 더 잘 했죠. 최근 낸시 펠로시 하원의장은 기본 소득을 기꺼이 고려하겠다고 밝혔습니다. 예전 같았으면 절대 그러지 않았을 겁니다. 스페인 정부도 기본 소득을 시행하려 노력 중입니다. 적어도 이 방향으로 많은 논의와 많은 실험이 이루어질 겁니다. 실제로 기본 소득을 지속적으로 시행하려면 막대한 비용이 듭니다. 하지만 구조적 실업이 증가하는 것을 고려할 때 많은 국가가 기본 소득을 고려하게 될 겁니다.

러디어드 그리피스

코로나로 인해 서구 국가들은 더 많은 권한과 자율권을 유지하려는 지역들로 분할되게 될까요? 서구의 통합은 유지될까요, 아니면 북아메리카, 남아메리카, 유럽 등 블록화를 더욱더 강화하게 될까요?

이안 브레머

저는 현재 우리가 블록화를 지향하고 있는 것이 걱정스럽습니다. 좋은 소식이라면 독일, 프랑스, 유럽연합 지도부가 남부 유럽을 돕기 위해 5000

억 달러 규모의 구제금융에 착수했다는 겁니다. 그것도 대출이 아닌 보조금 형태로요. 대단한 일이긴 한데요, 유럽이 서구를 지탱하는 더욱 강력한 일원이 되는 데에 필수적인 정치적 통합으로까지는 이어지지 못하고 있습니다.

미국과 유럽에서, 테크놀로지는 사람들을 더 가깝게 모을 것입니다. 하지만 불평등이 심하고 사회안정망 실패에 대한 우려가 크기 때문에 국내 문제에 더 집중하게 되겠지요.

미국은 이 위기를 벗어나며 동맹국들보다 월등히 더 강력하게 부상할 것입니다. 그러면서 동맹국들을 미국 일방주의로 몰아갈 겁니다. 안보와 경제 관점에서 미국의 지향은 중동이나 유럽에 집중을 줄이고, 아시아에 전보다 더 집중할 겁니다. 물론 캐나다, 멕시코, 미국은 한층 깊이 통합되고, 교역 면에서 USMCA(미국 멕시코 캐나다 협정)를 새로이 현대화하면서 더더욱 그럴 겁니다. 그러므로 더 거대한 블록화의 가능성은 현재 증가하고 있습니다.

러디어드 그리피스

코로나 이후 러시아는 어떤 위치에 있게 될까요? 러시아는 경제적으로 자기 체급 이상의 한 방을 날릴 것 같은 힘을 간직하고 있습니다. 게다가 사상, 그러니까 제 나름의 세계관까지 갖추고 있는 것 같습니다.

이안 브레머

러시아는 위축되고 있습니다. 러시아의 경제 규모는 현재 캐나다보다도 작습니다. 푸틴 대통령의 지지율은 59퍼센트입니다. 임기 중 가장 낮은 수치죠. 믿기 힘들겠지만 지금도 직접 투표 제도가 있습니다. 알다시피 놀라운 일이죠. 푸틴 대통령이 포템킨 민주주의(실체가 없는 보여주기식 민주주의-옮긴이)를 좋아하기 때문이기도 하지만, 진짜 정보를 모으는 일도 좋아하기 때문입니다. 러시아 경제는 망해가고 있습니다. 러시아 경제는 다른 국가에 무기를 판매하고 에너지 자원과 천연자원을 판매하는 데에 기반을 두고 있습니다. 이들 상품 가격은 현재 바닥을 치고 있습니다.

러시아는 외국인 직접 투자를 유치하지 못했습니다.

푸틴 대통령은 AI를 지배하는 나라가 세상을 지배하게 될 거라고 공언해 왔습니다만, 러시아인들은 AI에서 아무런 성과도 내지 못하고 있습니다. 그 나라의 위대한 과학자들은 모두 오래전에 이민 온 사람들입니다.

그러니 미국과 중국에 미래가 있을 겁니다. 러시아는 그 사실에 대해 상당히 열받을 거라 생각합니다. 그래서 그들은 미국인들을 비난합니다. 비난의 20퍼센트쯤은 정당할지도요.

러시아는 미국 사회 내부를 분열시켜 이익을 취하려 애쓰고 있습니다. 우리 미국은 명백히 그 일을 돕는 중입니다. 유럽 내부에서도 대서양 동반자 관계 내에서도 말입니다. 하지만 궁극적으로 지금의 세계화 질서에서 러시아인은 승자가 아닙니다. 패자입니다.

러디어드 그리피스

잘 알겠습니다. 이 정도에서 마쳐야겠네요. 멍크 다이얼로그에 나와주셔서 대단히 감사합니다.

이안 브레머

함께해서 정말 좋았습니다.

VICTOR GAO

빅터 가오와의 대화

러디어드 그리피스

멍크 다이얼로그 첫 시즌 마지막 회에 모신 분은 중국의 세계관과 세계 속 중국의 역할을 앞장서서 설파하기로 유명하신 빅터 가오 씨입니다. 영향력 있는 중국세계화센터Center for China and Globalization의 부소장이시죠. 덩샤오핑의 영어 통역사로 활동하며 외교 문제와 국제 관계에서 중국 정부에서 주요한 역할을 하신 바 있습니다. 또 예일대학교 로스쿨 중국 동창회 회장이시죠.

시작해 볼까요, 빅터 씨. 이번 팬데믹이 세계에서 중국의 역할에 어떤 영향을 미쳤다고 생각하시는지요. 이번 팬데믹이 앞으로 수개월, 수년 동안 가져올 결과로서 중국의 대외 관계에 무엇이 지속적으로 남아 있을 것이라고 보십니까?

빅터 가오

코로나19는 인류가 지난 100년 동안 겪은 것 중 가장 치명적인 팬데믹입니다. 중국은 첫 번째 희생자였습니다. 2020년 1월과 2월에 중국은 거의 홀로 이 팬데믹에 맞서 싸웠습니다. 이 싸움에서 이긴 중국이 다른 국가에 좋은 선례를 보였기를 바랍니다. 올바른 정책을 펼친다면, 모든 가용 자원을 동원한다면, 과학과 기술을 예단하기를 거부한다면, 코로나 바이러스 퇴치가 가능하며 이 팬데믹에 맞서 싸우는 전투에서 인류가 결국 승리할 수 있다는 것을 보였기를요.

이제 코로나에 맞서는 싸움이 전 세계적으로 진행 중이지만, 코로나 이후의 미래를 그려보아야 할 때입니다. 코로나 이후의 세계는 팬데믹이 발생하기 이전의 세계와는 아주 아주 다를 겁니다. 저는 사람과 사람 간의 관계가 어떤 식으로 재편되고 개혁될지 근본적인 변화에 대해 이야기하고자 합니다.

중국은 코로나 바이러스를 퇴치하고 이제는 외국으로부터 재감염되는 사례가 발생하지 않도록 아주 아주 바짝 경계하고 있을 뿐만 아니라, 이미 경제를 끌어올리는 일에 시동을 걸었습니다. 2020년 1사분기 동안 중국 경제는 6.8퍼센트 축소되었습니다. 전례 없는 일이지요. 지난 41년 동안 중국 GDP는 해마다 9~10퍼센트씩 지속적으로 성장했는데 말입니다.

6.8퍼센트 축소는 인민에게, 그리고 중국 사회의 모든 면에 많은 고통을 안겨다 줄 것입니다. 중국 정부는 이를 중국이 치러야 할 대가라고 판단했습니다. 코로나에 맞서는 싸움에서 확실히 승리하기 위해서 모든 자원을 끌어모아 가능한 모든 생명을 구하기 위해서 말입니다. 이제 저는 중국 경제가 정상화되고 있는 모습을 기쁜 마음으로 지켜보고 있습니다. 2사분기는 1사분기보다 훨씬 더 좋아질 겁니다. 연말쯤 중국 경

제는 대략 3퍼센트 정도까지 성장할 거라고 봅니다.

중국이 자체적으로 수립한 애초의 2020년 성장 목표에 비하면 절반 정도겠지만요. 하지만 2020년 GDP성장률이 3퍼센트만 되더라도 중국 경제 성장률은 세계 최고 수준일 겁니다. 중국의 성장은 각국이 경제를 재개하여 정상 상태를 회복함에 있어서 전 세계 거의 모든 나라의 경제 성과 향상에 기여할 것입니다.

러디어드 그리피스
이번 코로나 바이러스를 시작하면서 국제 정치가 보인 특징 하나는 중국과 미국의 긴장 고조, 이른바 강대국의 격돌이었습니다. 이 바이러스가 긴장을 고조시켰다는 데에는 모두가 동의할 거라 생각합니다. 미국은 중국을 바나나 공화국(해외 원조에 기대 살아가는 가난한 나라-옮긴이) 취급하는 일을 그만두어야 한다고 하셨던 말씀이 최근에 인용되었는데요. 현재 미국을 향한 중국 내 정서는 어떤지,

그리고 더 중요하게는 중국의 이번 팬데믹 대응에 대한 미국의 비판과 국제 정세에서 중국의 역할을 중국 내에서는 어떻게 파악하고 있는지, 알려주실 수 있을까요.

빅터 가오

지금 중국-미국 관계는 헨리 키신저 박사가 1971년 비밀리에 중국을 방문해서 1979년에 양국 관계를 정상화한 이후 가장 나빠졌다고 할 수 있습니다. 앞으로 몇 달 또는 몇 년 동안 얼마나 더 나빠질지는 아직 알 수 없는 일입니다.

하지만 저는 중장기적으로 중국-미국 관계가 대체로 건설적으로 발전하리라고 매우 확신하고 있습니다. 왜냐고요? 글쎄요, 양국이 전쟁을 벌이기로 작정할 리는 없으니까요. 두 나라 사이에 전쟁이 일어나지 않는다면 무엇을 할 수 있을까요? 중국도 미국도 대가를 치르지 않고는 상대방을 완전히 제압할 수 없습니다. 중국은 미국에 적대감을 불러일으키거나 미국을 적으로 대하려는 의도가 전혀 없습니다. 저는 중국과 미국 중 어느 한 나라가 상대국을 완전히 제압하려고 늘 획책하기보다는 서로를 동등하게 대해야 한다고 굳게 믿고 있습니다. 두 나라는 서로 잘 지내는 방법을 찾아내야 합니다.

그리피스 씨도 저도 미국이 중국을 비판했다고 말했습니다. 하지만 워싱턴 정가에서 나오는 말은 비판도 아닙니다. 잘못된 비난이죠. 사실을 왜곡하고 있습니다. 아무 증거도 없고 입증할 수도 없으면서 혐의를 덮어씌우고 있어요. 워싱턴 정가에서 나오는 말은 정말이지 예의에도, 도덕에도, 법치에도 어긋납니다. 누군가에게 혐의를 씌우려면 증거가 불충분할 경우 선의의 해석이 우선해야 합니다. 고발당한 사람이나 고발당한 국가에 대해서도 여전히 무죄 추정의 원칙을 지켜야 합니다. 진실을 자의적으로 해석해서, 혹은 진실을 결여한 채로 무작정 다른 나라에 받아들이게 할 수는 없습니다. 더구나 14억 인구가 있고 5000년 역사를 지켜온 나라에 말입니다. 중국 인민은 받아들이지 않을 겁니다. 이 싸움의

와중에 어떤 나라가 할 수 있는 최악의 일은, 코로나 바이러스에 맞서는 싸움에 집중하지 못하고 다른 나라들을 비난하는 겁니다. 어떤 나라의 어떤 지도부에도 이익이 되지 않는 일입니다. 세상은 글로벌 리더십을 구하고 바란다고 느껴집니다. 미국이 글로벌 리더십을 다시 발휘하게 되기를 진정으로 기대합니다. 미국과 나머지 국가들을 엉뚱한 곳으로 이끌 게 아니라, 올바른 방향으로 이끌어 나가기를요.

러디어드 그리피스

제 생각에는 우리 모두가 동서 간 냉전 시대의 사고방식이 어떤 식으로든 되살아날까 봐 함께 걱정하고 있습니다. 강대국 간 이념 전쟁에서 중국이 러시아를 대체하는 식으로 말입니다. 그런 일을 피하려면 정책 관점에서 무엇을 해야 할까요? 중국은 나머지 다른 나라들에서 무엇을 보아야 할까요? 서구에서는 중국이 홍콩이나 대만 같은 전통적인 영토에 대해 더욱 단호해졌다는 시각이 있는

데요. 중국은 자국 영토와 해외 둘 다에서 디지털 영향력을 어떻게 이용합니까?

빅터 가오

제 생각에 중국과 미국 사이의 긴장감은 더 고조될 가능성이 크고, 그런 뒤에야 호전될 기회를 얻게 되겠지요. 그렇지만 이런 압력은 대부분 중국에서보다는 미국에서 비롯되었다고 생각합니다. 중국은 온당하고 품위 있는 태도로 올바른 일을 하면서 입장을 고수하고 있는 듯하지만, 워싱턴 정가는 최고위층부터 비롯해서 많은 사람이 분별력을 잃고 있다고나 할까요.

미국이 상징하는 가치의 우월성을 정말로 믿고 있다면, 미국이 여전히 산꼭대기의 불빛이라고 믿는다면 왜 다른 나라를 두려워하는 겁니까? 저를 포함해서 중국의 많은 인민이 미국을 우러러보았습니다. 하지만 미국이 정말 산꼭대기에서부터 나락으로 굴러떨어지고자 한다면 인민은 미국이 희망을 밝히는 불빛이 아니란 걸 깨닫게 될 겁니다.

지금은 중국-미국 관계가 오염되었다고 말하고 싶습니다. 최근 중국과 미국의 관계 악화에서 중국인도 미국인도 수혜자가 아닙니다. 중국인 미국인 양쪽 모두가 양국 관계 악화의 희생자가 되고 있다고 할 수도 있을 겁니다.

중국과 미국이 이 위대한 두 나라의 관계에서 오염을 정화하는 과정을 거쳐야 한다는 걸 실감하도록 우리가 도와야 합니다. 그리하여 결국 중국-미국 관계의 중요성을 더 객관적이고 현실적이고 실용적으로 인식하게 되어야 합니다.

두 나라는 서로 적이 될 운명이 아닙니다. 중국과 미국이 서로의 급소를 치겠다고 덤벼들면 양국 모두 파괴될 겁니다. 두 나라의 국민들에게도 해가 되고 세계 평화와 발전에도 해가 되겠지요. 중국과 미국이 적이 된다면 아마도 인류를 파멸에 빠뜨리게 될 겁니다.

러디어드 그리피스

캐나다 같은 나라에 조언을 해주신다면요. 우리

캐나다가 점점 더 어려운 위치에 있다는 느낌을 받는데요. 경제와 안보의 이해관계가 미국과 얽혀 있다 보니, 캐나다와 중국 간의 관계도 악화되어 있습니다. 중국이 혁명기를 거치면서 경제를 개방하기까지 두 나라가 건설적인 대화와 협력의 오랜 역사를 함께해온 걸 감안하면 이상한 일이죠. 양국 관계는 지금 크게 바뀌었습니다. 캐나다인 마이클 스페이버와 마이클 코브릭이 중국에 수감되어 있고, 캐나다에 있는 화웨이의 CFO 멍완저우는 미국 인도 절차가 진행되고 있습니다(멍완저우는 2018년 12월 미국의 요청에 따라 이란 제재 위반 혐의로 캐나다 당국에 체포되었다-옮긴이). 중국과 미국의 긴장 관계가 여기서 더 나빠진다면 캐나다 국민에게 어떤 조언을 해주시겠습니까?

빅터 가오

저는 캐나다 국민을 깊이 존경하고 아주 좋아합니다. 캐나다와 중국이 서로에게 좋은 우방이자 파트너가 될 수 없는 이유는 근본적으로 없다는 게 제 개인적인 믿음이기도 합니다. 미국은 점점 캐나다의 자원을 필요로 하지 않기 때문에, 캐나다 입장에서 구매력이 있는 큰 시장은 중국이 유일하다고 보는 게 타당합니다.

캐나다는 미국으로부터 절대 벗어날 수 없겠지요. 하지만 캐나다의 발전에 중국은 지금도 가장 중요한 시장이고 앞으로 점점 더 중요해질 겁니다. 특히 에너지 부문, 원자재 부문, 농업 부문에서는요. 그러니 중국과 캐나다가 어떤 어려움이 있더라도 극복하고 관계를 수습하기 위해 할 수 있는 일은 뭐든지 해야 한다고 믿습니다.

이제 화웨이와 멍완저우에 관해 이야기해 보겠습니다. 이 사건은 많은 부분 화웨이 기업에 대한 미국의 정치적인 박해라고 봅니다. 이 사건에서 캐나다가 미국 때문에 곤경에 처하게 되어 몹시 안타깝습니다. 모두가 법치의 중요성을 알고, 사법부 독립의 중요성을 알고 있습니다. 이 문제에 관해 캐나다의 전통을 전적으로 존중합니다. 하지만 멍완저우에 대해서는 이중 잣대를 보이고 있습니다. 이를테면 앤 서쿨러스 사건과 비교해 보세요. 미국은 앤 서쿨러스가 영국에서 한 소년을 죽였는데도 기소를 피하도록 도왔습니다(2019년 8월 미국 외교관 부인 앤 서쿨러스는 영국에서 19세 청년 해리 던을 차로 치어 숨지게 한 뒤 본국으로 도피했다-옮긴이).

불행히도 중국에 억류 중인 캐나다인 두 명에 대해 중국 정부는 이 두 사건이 멍완저우의 구금, 체포, 소송과는 아무런 관계가 없다고 계속 주장해 왔습니다.

하지만 저는 위험을 무릅쓰고 이렇게 말하고 싶습니다. 이 우주에서 벌어지는 모든 일은 언제나 서로 연관되어 있다고요. 캐나다 당국이 멍완저우 사건을 아주 훌륭하고 만족스럽게 해결한다면 중국이 올바른 일을 할 수 있는 계기가 될 겁니다. 중국과 캐나다 간 관계에서 긴장감이 더욱 팽팽해지는 건 바라는 바가 아니니까요.

러디어드 그리피스

중국이 코로나19의 위험을 완전히 공개하지 않아

서 글로벌 팬데믹의 원인을 제공했다는 트럼프 대통령의 비난에 대해서는 어떻게 생각하시나요?

빅터 가오

첫째, 저는 세계 모든 나라가 이번 팬데믹에 맞서 함께 싸운다면 더 잘 할 수 있을 거라고 생각합니다. 둘째, 코로나19는 새로운 현상입니다. 대체로 인류에게 알려지지 않았지요. 아주 초기에 병원에 내원한 많은 사람이 독감, 설사병, 폐렴을 비롯한 다른 질병으로 잘못된 진단을 받고 잘못된 치료를 받았던 상황이 이해가 갑니다. 그러다가 12월 26일 아니면 27일에 이 병이 뭔가 아주 아주 새로운 것임에 틀림없다는 걸 깨달은 의사가 있었습니다. 그 의사는 경고 신호를 보냈고 패러다임이 완전히 바뀌었습니다. 이 문제가 정확히 무엇인지 알아내기 위해 정부의 모든 인력이 갑자기 한자리에 모였습니다. 중국은 재빨리 행동에 들어갔고, 2주가 채 안 되어 우한 시민과 전체 인류를 치명적으로 위협하는 것의 실체를 찾아냈습니다. 어떤 정부나 어떤 국가라도 코로나19의 실체를 2주도 지나지 않아 정확히 집어내고, 게놈의 순서를 밝히고, 그 결과를 WHO와 보건 기구 전체에 보고한 건, 아주 많은 일을 한 겁니다. 그러므로 전 세계의 다른 국가들이 중국을 선의로 해석해 주기를 희망하는 바입니다.

러디어드 그리피

빅터 씨는 덩샤오핑 전 주석의 수석 통역사셨지요. 긴 시간 지근거리에서 일하면서 세계에서 중국의 역할에 대한 그분의 비전을 설명하셨는데요. 덩샤오핑 전 주석이라면 현재 세계 무대에서 중국의 역할에 대해 어떤 정책을 칭친하고 어떤 정책에 회의적이실까요?

빅터 가오

위대한 덩샤오핑 전 주석이 현재 우리와 함께 이 자리에 계신다면 무엇보다도 먼저 중국 경제 발전에 관한 당신의 예언이 예측보다 앞서 실현되었다고 아주 기뻐하셨을 겁니다. 둘째로는 평화롭게 발전하고, 인내하며, 결코 안일해지는 일 없이 중국이 현재의 모습에 이른 점을 기뻐하셨을 거라고 생각합니다. 중국은 구매력 지수purchasing power parity 기준으로 세계에서 두 번째로 큰 경제 대국이며, 전 세계 130개 넘는 국가에 가장 큰 교역 상대국입니다. 또한 아주 아주 많은 중요한 품목의 가장 큰 생산국으로서, 세계 생산량의 50퍼센트 이상을 차지하고 있습니다. 해마다 2900만대의 자동차를 생산하며, 이는 미국보다 1000만대 더 많은 생산량입니다.

제 생각에 덩샤오핑 전 주석이 살아 계셨다면 세상에서 가장 행복한 분이겠지만, 중국이 겸손한 태도를 유지해야 한다고 늘 말씀하셨을 겁니다. 우리 중국이 미국에서 피지에 이르기까지 크든 작든 전 세계 모든 나라를 동등하게 대해야 한다고 말입니다. 또한 신념, 인종, 재산 수준이 어떻든 모든 사람을 동등하게 대해야 한다고도 하셨을 겁니다.

중국은 전 세계 다른 나라들과 관계를 맺어야

합니다. 또 다른 만리장성을 쌓는 일은 절대 없을 겁니다. 그것은 우리 중국을 지켜주기보다는 파멸로 이끌 테니까요. 그런 의미에서 덩샤오핑 전 주석은 미국 인민에게 중국은 적이 아니라고 말했을 겁니다. 이 세계는 중국과 미국이 공존할 만큼 충분히 넓습니다. 그러니 중국이나 미국이나 상대 국가를 제압하려 들어서는 안 된다고요. 덩샤오핑 전 주석이 살아 계신다면 평화와 발전 그리고 인류 전체의 구원을 지지할 겁니다. 이는 시진핑 주석이 현재 이야기하고 있는 내용과 정확히 일치하며, 인류 전체의 공통된 관심사이기도 합니다.

러디어드 그리피스

덩샤오핑 전 주석은 위대한 개혁가였고, 중국이 경제 개혁과 정치 자유화 시기를 겪도록 인도하고자 했던 중요한 인물입니다. 그분이 살아 있다면 중국이 경제 개혁에 성공했다고 생각할 거라는 거죠? 하지만 최근의 정치 자유화란 면에서는 그리

진보하지 않았다고 생각하시지 않을까요?

빅터 가오

중국의 경제 발전이 더 큰 성공을 거두려면 정치 개혁은 선행 조건이자 필수 사항입니다. 지금 전 세계 많은 사람, 특히 서구권에 사는 사람은 중국이 스스로 정치 개혁을 하지 않는다고 믿고 있습니다. 저는 동의하지 않습니다. 왜냐하면 중국은, 덩샤오핑 전 주석이 중국식 사회주의를 도입하기 전의 예전 공산당 체제로 돌아가지 않으니까요.

중국 인민 전체가 41년 전보다 지금 훨씬 더 많은 자유를 누리고 있다는 걸 저는 압니다. 또 미래의 중국은 현재보다 더 개방적이고 자유로울 거라고 믿습니다. 중국에 오셔서 인민에게 얼마나 많은 자유가 있는지 보세요. 몇 가지 아주 민감한 쟁점만 제외하면 14억 인민이 자유롭게 여행하고, 자유롭게 개인 모바일 기기를 사용합니다. 예를 들어 중국 내에서 누구도 홍콩 독립, 대만 독립, 티벳 독립, 신장 독립을 이야기해서는 안 됩니다. 중국 인민은 중국 공산당 타도를 이야기할 수 없습니다. 불법이거든요. 하지만 이런 뜨거운 쟁점만 제외하면 중국 인민은 무엇이든 이야기할 수 있습니다. 5G가 가속화되고 모든 사람이 핸드폰을 갖게 되면서 자유주의를 더 많이 부채질할 것이고, 중국 인민은 세계 다른 나라들을 더 많이 이해하게 될 것입니다. 중국 인민은 어떤 의미에서 점점 더 범세계주의자cosmopolitan가 될 겁니다. 또한 스스로의 권리를 점점 더 의식하게 될 겁니다.

하지만 진정한 민주주의는 모두가 불법으로 시위하거나 저항할 권리를 갖는다는 뜻이 아닙니다. 민주주의는 법치에 단단히 기반하고 있어야 합니다. 우리 모두에게는 혼돈이나 폭동에 맞서 싸울 정당한 권리가 있습니다. 반면 평화적이고 합법적이라면 시위하거나 저항하는 인민의 법적 권리를 온전히 보장해야 합니다.

러디어드 그리피스

미국이 화웨이에 맞서고 있는 이유가 안보 위험 때문이라고 보십니까? 아니면 중국이 주요 영역의 테크놀로지에서 앞서 나갈까 봐 걱정하기 때문이라고 보십니까?

빅터 가오

마크 폼페이오 미국 국무부 장관이 보리스 존슨 영국 총리에게 5G 네트워크 구축을 돕겠다고 제안했다는 이야기를 듣고 신기했습니다. 미국은 자국의 5G 네트워크도 구축하지 못하는데 어떻게 영국을 도울 수 있다는 겁니까? 영국 국민이 그런 그릇된 주장에 휘말려 국가 자산을 빼앗기지 않을 정도로 안목을 갖추었기를 바랍니다. 중국은 5G 시장을 선도하고 있습니다. 화웨이는 아주 뛰어나고 우수한 기업으로 5G 네트워크의 많은 부분에 기여하고 있습니다. 지금 코로나19와의 싸움에서 우리가 경험한 대로 앞으로 몇 년 뒤에 세계는 더욱더 연결될 것이고, 그런 점에서 5G는 아주 아주 중요한 부분이 될 겁니다. 어느 국가도 연결되지 않고서는 빠르게 진정한 발전을 이룰 수 없습니다.

중국-미국 관계 또는 화웨이-미국 관계는 아주 복잡합니다만, 저는 언제나 특별한 프리즘을 통해 이 관계를 들여다 봅니다. 그 프리즘을 저는 토냐 하딩 신드롬이라는 이름으로 제안한 바 있습니다. 다들 피겨스케이트 선수 토냐 하딩 이야기를 알고 있을 거라 생각합니다. 토냐 하딩의 지인이 라이벌 선수인 낸시 캐리건의 무릎 위를 후려쳐서 US 스케이팅 챔피언대회 승리를 막으려 했던 사건이 있었지요. 토냐 하딩은 미국 혹은 세계 무대에서 경쟁할 기회를 완전히 상실했습니다.

토냐 하딩 신드롬은 한 개인에게만 적용되는 게 아닐 수 있습니다. 크든 작든 기업이나 국가에도 적용될 수 있어요. 저는 이 신드롬이 미국에서 미친 듯이 일어났다고 봅니다. 화웨이를 내세운 중국은 5G에서 미국보다 앞서 있습니다. 미국은 다른 나라가 자기들보다 앞서 있는 것을 보고 싶어 하지 않습니다. 그래서 화웨이의 무릎 위를 후려치는 겁니다. 중국에 부상을 입히고 싶어합니다. 그러는 대신 미국 인민은 5G 개통의 혜택을 받지 못하고 있습니다.

앞으로 더 나은 방법은 미국이 더 많이 연구하고 전 세계 기업과 더 많이 협력해서 5G에서 부족한 부분을 보완하고 6G와 7G에서 앞서나가는 겁니다. 저는 위성 인터넷 연결을 구축하는 일론 머스크 씨의 원대한 노력에 경탄하고 있습니다. 그런 노력이 미국에서도 전 세계에서도 연결에 실질적인 도움이 되겠지요. 하지만 머스크 씨가 만들고 있는 위성 네트워크가 5G를 대체할 수는 없습니다.

저는 그럼에도 인류가 5G로부터 혜택을 입을 거라고 생각합니다. 저는 테크놀로지의 분기점이 앞으로 나아가는 것을 궁금해 하고 있습니다. 과학과 테크놀로지가 방해받지 않고 진보할 수 있게 한다면, 다른 나라나 다른 기업이 우리보다 앞서 있다고 해서 그들의 무릎을 가격하지 않는다면, 인류 전체가 더욱더 발전할 거라 믿습니다. 경쟁자를 없애기보다는 오히려 경쟁자로부터 진정으로, 때로는 겸허하게 배운다면 모두에게 아주 크게 이로울 겁니다.

5G를 핵무기처럼 취급하지 맙시다. 저는 1980년대를 기억합니다. 그때 중국과 미국은 긴밀한 협력을 논의했죠. 미국인 방문자 중 몇몇은 중국에 테크놀로지를 파는 일에 우려를 표했습니다. 덩샤오핑 전 주석은 정확히 이렇게 말씀하셨습니다. "미국은 중국에 밀을 수출하고 싶어 합니다. 하지만 밀은 중국 군인들의 식량이 될 수 있죠. 그렇다면 밀이 미국의 군사적 전략적 수출이라고 할 수도 있겠군요." 자 이제, 철학적 논점을 다음과 같이 아주 간단히 정리해볼 수 있습니다. 테크놀로지는 테크놀로지다.

러디어드 그리피스

빅터 씨, 대담에 참여해 주셔서 감사합니다.

빅터 가오

초대해 주셔서 감사합니다.

대담자 소개

말콤 글래드웰은 저널리스트이며, 〈뉴욕타임스〉 베스트셀러 5권 『티핑포인트』 『블링크』 『아웃라이어』 『당신이 무언가에 끌리는 이유』 『다윗과 골리앗』의 저자다. 최신작으로 『타인의 해석』이 있다. 1996년부터 〈뉴요커〉의 전속 작가로 활동해 왔으며, 오디오 제작회사 '푸시킨 인더스트리'를 공동 창업했고, 사람들이 간과하거나 잘못 이해한 사건에 대해 이야기하는 팟캐스트 〈수정주의자 역사Revisionist History〉를 제작했다. 전미잡지상 수상자이며 미국 심리학회와 미국 사회학회 회원이다. 시사 주간지 〈타임〉이 선정한 전 세계에서 가장 영향력 있는 100인 중 1명으로 이름을 올렸으며, 외교전문지 〈포린폴리시〉 선정 전 세계 100대 사상가에 들었다.

파리드 자카리아가 진행하는 〈파리드 자카리아 GPS〉는 국제 정세를 다루는 CNN의 주력 프로그램으로 국가 정상·지식인·기업 CEO와의 인터뷰와 토론 등을 진행하고 전 세계 3억 이상의 가구에 방송된다. 〈워싱턴포스트〉 칼럼니스트이자 〈애틀랜틱〉 객원 기자이며 〈뉴욕타임스〉 베스트셀러 저자이기도 하다. '동시대 가장 영향력 있는 외교정책 자문'으로 꼽혀 왔으며, 〈포린폴리시〉에서 선정한 전 세계 100대 사상가에 이름을 올렸다. 2010년부터 2014년까지 〈타임〉 편집위원으로 일한 후, 〈뉴스위크〉 국제판 편집장을 맡았다. 자카리아는 칼럼니스트로서 2010년 '전미 잡지상'를 비롯해 여러 해 동안 여러 상을 수상했다. 2015년 작 『하버드 학생들은 더 이상 인문학을 공부하지 않는다』는 〈뉴욕타임스〉에서 "위기에 봉착한 사상을 이해하기 쉽게 옹호하는 꼭 필요한 책"이라는 찬사를 받았다.

모하메드 엘 에리언은 2조 유로가 넘는 자금을 운용하는 유럽 최대 보험 회사 알리안츠의 수석 경제 고문이다. 오바마 대통령 시절 글로벌 개발 자문회의 의장이었고, 〈블룸버그뷰〉의 칼럼니스트이며, 〈파이낸셜타임스〉의 객원 기자다. 〈뉴욕타임스〉 베스트셀러 『유일한 선택지』를 썼다.

서맨사 파워는 하버드대학교 존에프케네디 행정대학원에서 글로벌 리더십 실무와 공공 정책을, 하버드 법학전문대학원에서는 인권 소송을 가르쳤다. 2013년부터 2017년까지 제28대 UN주재 미국 대사였으며, 오바마 대통령 정부 내각의 일원이었다. UN대사를 맡았던 기간 동안 러시아의 우크라이나 침공과 시리아 내전 개입에 반대 입장을 공식적으로 대변했고, 지난 20년을 통틀어 가장 강력한 대북 제재 방안을 성사시켰으며, 오바마 대통령의 에볼라 바이러스 위기를 종식시키기 위한 혁신적인 조치들을 뒷받침했다. 오바마 대통령은 서맨사 파워를 "가장 뛰어난 외교 정책 사상가 중 한 명"이라 칭하면서 "국제 사회가 분쟁을 해결하고 인간의 존엄성을 지키는 데 지대한 관심과 윤리적 책임을 갖는다는 점을 우리에게 보여주고 있다"고 말했다. 저서 『미국과 대량학살의 시대』는 2003년에 퓰리처상과 전미도서비평가협회상을 수상했다. 최신작 『이상주의자의 교육*The Education of an Idealist*』은 〈뉴욕타임스〉 〈월스트리트저널〉 〈USA투데이〉 선정 베스트셀러다.

니얼 퍼거슨은 스탠퍼드대학교 후버연구소에서 밀뱅크 패밀리 선임연구원, 하버드대학교 벨퍼과학국제문제연구소 선임연구교수이자, 베이징 소재 칭화대학교 초빙 교수다. 15권의 저서 중에는 『전쟁유감*The Pity of War*』 『로스차일드』 『제국』 『시빌라이제이션』, 미국외교협회가 수여하는 아서로스상을 수상한 『키신저 1923~1968*Kissinger 1923-1968*』등이 있다. 방송제작자로도 수상 경력이 있는데, PBS방송국 〈금융의 지배〉로 국제 에미상을 받았다. 〈선데이타임스〉와 〈보스턴글로브〉에 매주 칼럼을 연재하며, 투자 자문 회사 그린맨틀사Greenmantle LLC를 설립하여 대표이사를 맡고 있다. 가장 최근에 나온 책 『광장과 타워』는 2018년 미국에서 발간되어 〈뉴욕타임스〉 베스트셀러가 되었다.

카라 스위셔는 IT뉴스 웹사이트 '리코드Recode'의 공동 설립자 겸 편집위원이고, 팟캐스트 〈리코드 디코드 피벗Recode Decode and Pivot〉의 진행자이자 제작자이며, 매년 열리는 코드 컨퍼런스Code Conference의 공동 제작 책임자다. 또한 〈뉴욕타임스〉의 오피니언 코너 외부 필자이며, 1998년 7월 타임스비지니스북스에서 출간한 『AOL.COM』의 저자다. 속편에 해당하는 『여기 어딘가에 틀림없이 조랑말이 있다*There Must Be a Pony in Here Somewhere*』는 2003년 크라운비지니스북스에서 출간되었다.

데이비드 브룩스는 〈뉴욕타임스〉 사설란에 격주로 칼럼을 쓰며, 〈뉴스아워〉라는 PBS TV 프로그램과 〈올 싱스 컨시더드All Things Considered〉라는 NPR 라디오 프로그램에 시사평론가로 고정 출연하고 있다. 가장 잘 알려진 저서로 2000년에 발간되어 〈뉴욕타임스〉 베스트셀러가 된 『보보스』가 있다. 또 다른 저서 『인간의 품격』에서는 어떻게 이타심을 통해 성공에 이르는지를 설명하고, 최신작 『두 번째 산』에서는 어떻게 인생의 의미와 목적을 찾을 수 있는지 탐구한다.

이안 브레머는 정치학자로 재계 인사, 정책 입안자, 대중이 자신들을 둘러싼 세계를 이해할 수 있도록 돕는다. 세계 유수의 정치 리스크 연구 컨설팅 기업인 '유라시아 그룹', 국제 정세를 지적이고도 매력적으로 보도하는 회사인 '지제로 미디어'의 설립자이자 회장이다. 전 세계의 민감한 이슈에 대해 독립적인 목소리를 내며 연설, 서면 비평, 풍자 인형을 동원해서 명징한 통찰을 제시한다. 다작하는 작가로 10권의 책을 썼다. 〈뉴욕타임스〉 베스트셀러 『우리 대 그들』에서는 전 세계적으로 부상하는 포퓰리즘을 고찰한다. 〈타임〉의 객원 기자이며 외교 문제 전문 칼럼니스트로 활동하고 있다. 현재 콜롬비아 대학교 국제정책대학원에서 가르치고 있다.

빅터 가오는 중국 국영 '중국 국제화 센터' 부소장이며, 중국베이더우 산업진흥기구 부회장, 베이징 에너지클럽 회원, 뉴욕시의 글로벌 카운슬오브아시아소사이어티 회원, 런던 주재 에너지인텔리전스 그룹 자문위원회 위원, 사우디아라비아 석유회사인 아람코의 고문이다. 1980년대 덩샤오핑 전 주석의 통역사였으며, 1999년과 2000년에는 홍콩 증권선물위원회의 중국 정책 자문으로 일했다. 2004년부터는 예일대 법학대학원 중국동창회 회장직을 맡고 있다.

진행자 소개

러디어드 그리피스는 멍크 디베이트 의장과 오리아 재단 이사장을 맡고 있다. 2006년 〈글로브앤메일〉이 뽑은 '캐나다 40세 미만 명사 40인'에 선정되었다. 또한 편집자로 『우리는 누구인가*Who We Are*』를 비롯하여 역사와 정치, 국제 문제를 주제로 한 책 13권을 작업했다. 『우리는 누구인가』는 〈글로브앤메일〉에서 '2009년 최고의 책'으로 선정되었고, 정치 사회 분야 우수 논픽션 도서에 수여하는 '쇼네시코헨상' 최종 후보에 올랐다. 현재 두 아이를 두고 있으며 아내와 함께 토론토에 살고 있다.

모처럼 극장에서 본 영화 〈모가디슈〉는 30년 전 아프리카 동부 소말리아에서 벌어진 사건을 모티프로 삼았다고 했다. 코로나 시대에 수많은 단역 배우를 동원해 해외에서 영화를 찍는다는 게 가당키나 한 일인가 싶으면서도, 아프리카의 쨍한 햇빛과 함께 너무 먼 곳, 너무 오래전 이야기라 느껴지지 않았을 수도 있는 생생함이 느껴져서 영화를 본 뒤에는 소말리아 내전의 배경과 그때 벌어졌던 일을 다룬 뉴스까지 찾아보게 되었다. 어쩌면 코로나 시대를 사는 현재 우리의 이야기가 조금 지난 미래에는 영화로 만들어질지도 모르겠다.

역사적 사건을 들어 지금 상황과 비교해 주고, 비유를 들어 쉽게 설명해 주는 이들의 이야기에 귀를 기울이다 보면, 코로나 시대를 맞아 세계 곳곳에서 어떤 일이 벌어지고 있는지, 왜 그런 일이 벌어졌는지, 앞으로는 어떻게 될 것인지 조금은 더 알게 된다. 뉴스에서 쏟아내는 현상의 이면을, 이어서 벌어진 결과를 조금 더 찾아보고 싶다는 생각도 절로 든다. (실제로 이 대담에 참가한 파리드 자카리아는 『팬데믹 다음 세상을 위한 텐 레슨』이라는 책을 통해 더 자세한 이야기를 들려주었다.)

어째서일까. 지금 이곳, 내가 있는 자리는 대담이 이루어진 1년 전 그곳과는 많이 다른데도 불구하고 어떻게 그들의 이야기가 동시대성과 현장성을 가지는 걸까. 물론 팬데믹은 현재도 진행 중이고, 이 대담의 진행자는 그날그날의 뉴스보다는 장기적인 큰 그림을 이야기해 보자고 제안했고, 대담자들이 그린 미래의 변화는 이제 한 발짝씩 가까워지고 있다.

기후변화, 불평등, 기본소득, 미중 대결 구도, UN이나 WHO 등 국제기구가 지닌 한계, 국제 리더십 부재, 국제 공조의 당위성, 독재와 민주주의, 탈글로벌화, 글로벌 공급 체인의 재편성, 유동성, 필수 인력과 희생 인력이라는 노동의 문제, 디지털화 시대 일자리 문제, 가짜 뉴스. 팬데믹에 온통 관심이 집중되면서 잊혀지는 교육 문제와 취약한 공공 의료, 의료 시스템 문제. 과학을 대하는 태도 등등. 전부 이 시점에서 짚어

봐야 할 문제들이다. 한두 가지만 따로 떼어서 이야기하기에는 모든 것이 서로 복잡하게 얽히고설켜 있다. 내 손에 망치를 들었다고 모든 문제를 같은 못으로 착각해서는 안 될 일이다. 모하메드 엘 에리언의 말처럼 수술이 필요한 사안인데, 통증 완화제를 양만 늘려가며 먹어서는 해결되지 않을 문제들이다.

SNS에서는 백신 접종 인증, 아니면 어렵사리 접종 예약에 성공했다는 자랑 섞인 이야기가 한동안 이어진다. 폰 화면을 들여다보다가 문득 오늘 저녁 내 집 앞에 배달 음식을 두고 간 배달원은 백신을 접종했을까, 아니면 언제쯤 백신을 맞을 수 있을까 생각해 본다. 코로나와 폭염의 위험에 이중으로 노출된 사람들. 카라 스위셔가 인용한 긱 경제에서 고용 혜택을 누리지 못하는 필수 인력은 희생 인력이란 말을 떠올린다. 국내에서도 필수 인력에 대한 백신 우선 접종 논의가 얼마 전부터 논의되고 시행에 들어갔다. 이때 '필수 인력'은 누구이며, 여기에 포함되고 포함되지 않고를 가르는 구분은 어떤 논의를 거쳐 어떤 기준에 따라 결정되어야 할까. 보지 못했던 것을 보고, 생각지 못했던 것을 생각하게 되고, 그 향방을 조금씩 가늠해 보게 되는 것. 이 책을 여러 번 읽고 난 나는 분명히, 읽기 전의 나와는 조금은 생각이 바뀌었다.

몇 주 전에 만난 백신 전문가분이 전해준 말씀을 내내 되새겨 보게 된다. "코로나19 상황이 언제쯤 끝날지는 오직 바이러스만이 답을 알고 있죠." 우리는 어디에 있고, 어디를 향해 가고 있는 것일까. 코로나 이후 달라진 세상에서 '능동적 관성'에서 벗어나려면 지금 우리는, 나는 무엇을 해야 할까.

어쩌면 이 책 『코로나 이후의 세상』이 (빅터 가오와의 대담으로 균형을 맞추려는 노력처럼 보이지만) 미국과 캐나다의 시각에 치우치지는 않았을까 생각하다 읽게 된, 프랑스 학자 브뤼노 라투르의 최근작 『나는 어디에 있는가』를 일부 인용하는 것으로 글을 마무리하려 한다. 이 책은 '코로나 사태와 격리가 지구생활자들에게 주는 교훈'이라는 부제를 달고 있다.

> "아마도 옛 세계에서라면 앞으로 전진하고 최종점을 향해 길을 나아간나는 것은 하나의 의미를 가졌으리라. 그러나 우리가 새로운 세계 속으로 이동했다면... 이 때 가장 중요한 움직임은 바로 사방으로 흩어질 수 있음이다. 우리에게 그럴 시간이 있기만 하다면 말이다... 마스크를 쓴 채 앞으로 향하고 있는 우리는, 최대한 흩어져야만 한다."

옮긴이 이승연 언어학을 공부하고 여러 광고회사에서 일했다. 번역과 편집을 계속하며 읽는 사람으로 살고 있다. 계간 〈과학잡지 에피〉 편집장을 맡고 있다. 옮긴 책으로 『사장의탄생』『부당세습』『생각을 빼앗긴 세계』『아날로그의 반격』등이 있다.

코로나 이후의 세상
2021년 9월 1일 초판 1쇄

지은이 말콤 글래드웰 외 9명
옮긴이 이승연
펴낸이 박수민
편집 박수민
독자 감수 최재근 황병홍
펴낸곳 모던아카이브 · **등록** 제406-2013-000042호
주소 경기도 파주시 회동길 480 B동 341호
전화 070-8877-0479
팩스 0303-3440-0479
이메일 do@modernarchive.co.kr
홈페이지 modernarchive.co.kr

ISBN 979-11-87056-39-3 03300